电力客服专员

岗前培训教材

国家电网有限公司客户服务中心　组编

中国电力出版社
CHINA ELECTRIC POWER PRESS

内 容 提 要

本书主要从职业素养、规章制度、系统操作、业务知识四个维度全面讲解了95598客服专员所需的知识，内容包括企业文化，规章制度，安全培训，职业美感，职场礼仪，法律法规，电力系统基础，用电业务，电能计量，电价电费，窃电、违约用电，家电赔偿，故障报修，95598业务分类之咨询、服务申请，95598业务分类之投诉、举报、意见、建议、表扬，业务支持系统，工单填写，智能知识库，客服专员常用指标介绍，质检标准，内部投诉判定要点，沟通技巧，电话服务规范等23章，具有针对性、专业性、全面性、实操性、权威性。此外，本书配有案例及分析、习题及参考答案；新增扫描阅读等功能，通过扫描教材中二维码，利用手机观看知识点视频讲解，提高教材的趣味性和自学效果。

本书可作为国家电网有限公司95598客服专员、营销服务人员的培训教材，也可作为有相关业务需求人员的参考书。

图书在版编目（CIP）数据

95598电力客服专员岗前培训教材 / 国家电网有限公司，客户服务中心组编 . —北京：中国电力出版社，2020.11（2021.11重印）

ISBN 978-7-5198-3989-5

Ⅰ. ① 9… Ⅱ. ①国… ②客… Ⅲ. ①电力工业－工业企业管理－营销服务－中国－岗前培训－教材 Ⅳ. ① F426.61

中国版本图书馆CIP数据核字（2019）第244068号

出版发行：中国电力出版社
地　　址：北京市东城区北京站西街19号（邮政编码100005）
网　　址：http://www.cepp.sgcc.com.cn
责任编辑：冯宁宁（010-63412537）
责任校对：黄　蓓　常燕昆
装帧设计：赵姗姗
责任印制：吴　迪

印　刷：三河市万龙印装有限公司
版　次：2020年11月第一版
印　次：2021年11月北京第二次印刷
开　本：787毫米×1092毫米　16开本
印　张：16
字　数：326千字
定　价：95.00元

编委会

编写组

主　编　高　亮

副主编　魏　薇　张郁颀　周思淼

编　写　周博然　马鹏飞　丁　克　左　佳　宋慧文
王　晟　吴海燕　张　鹏　田方晨　梁　蕊
高晓鹏　韩　禹　白　玉

审　核　武　鹏　姜　冬　魏　冰　郭晓芸　冉晶晶
丁毛毛　喻　玮　李承桓　王志伟　崔晟豪
张　泽　陈　丽　姜莉华　陈玲玲　赵海帮
杨嫒嫒

前 言

国家电网有限公司客户服务中心（简称国网客服中心）是国网公司集中供电服务业务执行单位和总部营销决策支撑机构，承担 26 个省（自治区、直辖市）的 95598 服务质量监督、检查与评价。

为规范国网客服中心客服专员岗前培训工作，国网客服中心人资部下发《客服专员岗前培训工作手册（1.0 版）》，在培训周期、课程安排、教材规范、授课标准等方面实施全流程标准化管控，全面实施“13121”工程（1 份标准化手册、“牵手、助跑、试飞”3 个阶段、1 项上岗标准、2 次面谈和 1 本岗前培训教材）。根据工作安排（国网客服中心人资〔2019〕23 号），人资部抽调内训师 12 名，根据客服专员能力素质模型对新员工要求，梳理目前南（北）分中心岗前培训现状和存在差异，集中开发核心课程，统一编制培训大纲、课件、授课脚本，优化岗前培训课程体系，以此为基础编制客服专员岗前培训教材，满足岗前培训所需，使岗前培训发挥更大价值。

本书具有高度的针对性、专业性、全面性、实操性、权威性。从 95598 客服专员实际培训需求出发，主要从职业素养、规章制度、系统操作、业务知识四个维度全面讲解了 95598 客服专员所需的知识。

本书具备以下特点：

一是具备完全知识产权。教材由中心内训师自主研发，通过对中心成立以来客服专员培训经验的提炼和总结。内容覆盖职业素养、95598 专业知识、呼叫行业通用知识、系统操作和规章制度等 5 个类别，为国网公司和电力 95598 业务独有，在国网系统内具备推广价值。

二是采用模块化编制方式。通过系统规划，按核心课程排列各模块顺序，统一格式要求，确保章节、模块内容整体结构完整、条理清晰、逻辑严谨，并与案例、课件、试题内容一致。各模块均包括概述、内容正文、案例、小节和思考与练习的结构编写，各部分的字体、字号，体例格式（图、表、英文缩写等）均严格按照统一格式要求。

三是引入先进手段。新增扫描阅读等功能，通过扫描教材中二维码，利用手机观看知识点视频讲解，提高教材的趣味性和自学效果。

四是实现培训资源和内训师队伍同步提升。客服专员岗前培训核心课程研发和教材编制，不仅改善了目前中心客服专员岗前培训资料仅有课件，授课随意的现状，也是对中心内训师队伍培训开发能力的检验，通过参与项目，内训师不仅掌握规范编制讲义教材的方法，更是开阔了视野，积累了经验，收获了自信。

本书的出版得到了国家电网有限公司营销部的支持。本书在编写过程中经过相关专家多次讨论、修改，使得本书具有很高的实用性。在此一并致谢！

限于编者水平，书中不妥及疏漏之处在所难免，敬请同仁与读者批评指正。

国家电网有限公司客户服务中心

2020 年 10 月

目　录

总码

第一章

企业文化

第一章知识点详解

知识背景

建设和弘扬公司优秀企业文化，是全面提升公司软实力和核心竞争力的重要途径；是实现企业与员工共同发展、企业与社会共同进步的根本动力。

教学目标

（1）了解国家电网有限公司及客服中心发展概况。

（2）掌握国家电网有限公司企业文化。

第一节 公司简介

一、国家电网有限公司简介

国家电网有限公司成立于 2002 年 12 月 29 日，是经国务院同意进行国家授权投资的机构和国家控股公司的试点单位，连续 12 年获评中央企业业绩考核 A 级企业，2018 年在世界 500 强企业排名第 2 位，是全球最大的公用事业企业。

公司以建设运营电网为核心业务，按集团公司模式运作，注册资金 5363 亿元，全口径用工总量 166.7 万人。公司经营区域覆盖 26 个省（自治区、直辖市），覆盖国土面积的 88% 以上，供电人口超过 11 亿人。公司稳健运营在菲律宾、巴西、葡萄牙、澳大利亚、意大利、希腊等国家的海外资产。

国家电网有限公司包含各省市公司及直属单位。其中直属单位又包含国家电网有限公司客户服务中心、鲁能集团有限公司、英大传媒投资集团有限公司等。

【练习 1】单选·国家电网有限公司经营区域覆盖多少省份?（ ）

A. 23　B. 24　C. 25　D. 26

【练习 2】多选·以下属于国家电网有限公司直属单位的有（ ）。

A. 国家电网有限公司客户服务中心　B. 北京市电力公司

C. 鲁能集团有限公司　D. 上海市电力公司

二、国家电网 logo 的含义

国家电网
STATE GRID
国家电网有限公司客户服务中心
STATE GRID CUSTOMER SERVICE CENTER

（1）球形设计。展示国家电网有限公司美好的发展前景，反映公司树立全球视野，建设世界一流电网、国际一流企业的坚强信心。

（2）圆形图案。象征公司内外的互动、协调、团结、和谐，表达公司坚持“四个服务”宗旨，与客户、员工、社会的和谐相处，共同发展。

（3）纵横交错的经纬线。表现公司以建设和运营电网为核心业务，坚持诚信、责任、创新、奉献，努力超越、追求卓越，为经济社会发展保障更安全、更经济、更清洁、可持续的电力供应。

（4）绿色的标准色。反映公司致力奉献清洁能源，建设和谐社会，象征公司持续发展、生机勃勃、基业长青。

三、客服中心简介

1．服务省市

国家电网有限公司客户服务中心为全国 26 个省（直辖市、自治区）电力客户提供服务，其中北方分中心服务于北京、天津、吉林、辽宁、山西、河南、安徽、湖南、江西、福建、宁夏、青海、新疆，南方分中心服务于河北、冀北、山东、上海、江苏、浙江、湖北、四川、重庆、黑龙江、蒙东、陕西、甘肃、西藏，其余省份由南方电网公司管理。

2．主营业务

国家电网有限公司客户服务中心的主要业务包含 95598 电话及网站服务、“网上国网”建设运营、大数据分析应用以及非供电业务客户服务等。南（北）方分中心下设若干职能部门和一线服务部门。分中心岗位分为纵向晋升（各序列的职级晋升）和横向发展（生产序列、支撑序列、管理序列）。

【练习 3】多选·国家电网有限公司客户服务中心主要的服务业务是（　）。

A. 95598 电话及网站服务　　B.“网上国网”建设运营

C. 大数据分析应用　　D. 非供电业务客户服务等

【练习 4】多选·国家电网有限公司客户服务中心服务哪些省市公司（　）。

A. 山东省公司　　B. 上海市公司　　C. 北京市公司　　D. 贵州省公司

第二节　公司企业文化

我们中心作为国网公司的直属单位，企业文化与国网公司企业文化是一脉相承的。我们的企业文化包括：企业宗旨、公司使命、公司战略、服务理念、企业精神。

第一，我们的企业宗旨是
人民电业为人民

“人民电业为人民”是老一辈革命家对电力事业提出的最崇高、最纯粹、最重要的指示，体现了国家电网发展的初心所在。

牢记国家电网事业是党和人民的事业，始终坚持以人民为中心的发展思想，深入贯彻创新、协调、绿色、开放、共享的发展理念，着力解决好发展不平衡、不充分问题，全面履行经济责任、政治责任、社会责任，做好电力先行官，架起党群连心桥，切实做到一切为了人民、一切依靠人民、一切服务人民。

第二，我们的公司使命是
为美好生活充电，为美丽中国赋能

为美好生活充电，就是以更可靠的电力和更优质的服务，持续为客户创造最大价值，助力经济社会发展和人民美好生活。

为美丽中国赋能，就是贯彻落实“四个革命、一个合作”能源安全新战略，主动适应能源革命和数字革命融合趋势，加快电网全面跨越升级，推动能源互联互通，促进建设清洁低碳、安全高效的能源体系，为建设美丽中国贡献力量。

第三，我们的公司战略是
战略目标：建设具有中国特色国际领先的能源互联网企业
战略定位：国民经济保障者，能源革命践行者，美好生活服务者

“具有中国特色”是根本，“国际领先”是追求，“能源互联网”是方向，明确回答了公司“走什么路、做到什么程度、干成什么样”等重大问题。“具有中国特色”“国际领先”“能源互联网”三足鼎立、三位一体，彰显了公司的政治本色、行业特色和发展角色，构成指引公司发展的航标，具有丰富内涵。

国民经济保障者，体现公司作为国有重点骨干企业的属性，就是深刻认识国有企业“六个力量”的历史定位，积极履行经济责任、政治责任、社会责任，为经济社会发展提供安全、可靠、清洁、经济、可持续的电力供应，在服务党和国家工作大局中当排头、作表率。

能源革命践行者，体现公司作为能源电力企业的属性，就是深入落实“四个革命、一个合作”能源安全新战略，主动适应能源变革趋势，充分发挥电网枢纽和平台作用，在保障国家能源安全、推动能源转型中发挥骨干作用，成为引领全球能源革命的先锋力量。

美好生活服务者，体现公司作为公用事业企业的属性，就是自觉践行党的根本宗旨，把群众观点、群众路线深深植根于思想中、具体落实到行动上，在满足人民美好生活需要、促进社会文明进步中发挥应有作用。

第四，我们的服务理念是
你用电　我用心

“你用电”表明了公司的公用事业属性，“我用心”表达了实现企业价值和使命的态度。这一理念融合了客户导向的现代服务追求，展现了公司坚持客户至上，以客户满意和价值提升为目标，最大限度满足客户需求，在全心全意为客户服务中赢得发展的鲜明态度，展示了公司员工守护万家灯火的使命责任。

第五，我们的企业精神是
努力超越、追求卓越

始终保持强烈的事业心、责任感，向着国际领先水平持续奋进，敢为人先、勇当排头，不断超越过去、超越他人、超越自我，坚持不懈地向更高质量发展、向更高目标迈进，精益求精、臻于至善。

【练习 5】多选·公司的使命是什么？（　）

A. 为美好生活充电　　B. 为美丽中国赋能

C. 为美好生活赋能　　D. 为美丽生活充电

【练习 6】单选·公司的宗旨是什么？（　）

A. 以人为本　　B. 人民电业为人民

C. 全心全意为人民服务　　D. 以客户为中心

【练习 7】单选·公司的战略目标是什么？（　）

A. 建设中国特色国际领先的能源企业

B. 建设国际一流企业

C. 建设具有中国特色国际领先的能源互联网企业

D. 服务经济社会发展

【练习 8】多选·公司的战略定位是什么？（　）

A. 国民经济保障者　　B. 能源革命践行者

C. 诚信、责任、创新、奉献　　D. 美好生活服务者

【练习 9】单选·国家电网有限公司客户服务中心的服务理念是什么？（　）

A. 你用电，我用心　　B. 让声音微笑起来

C. 人民电业为人民　　D. 以客户为中心

第三节　客服中心服务公约

一、服务口号

你用电，我用心

让声音微笑起来

二、服务准则

（1）亲切、耐心、周到。态度亲和、不急躁、有耐性、考虑周全细致、顾及方方面面，是我们应具有的服务态度，是实现满意服务的前提。

1）发自内心、真心实意地尊重客户。

2）语言礼貌亲和，语音标准清晰，语速适中，语调柔和，语气诚恳。

3）适当运用拉近距离、增进情感的图片、文字、表情、肢体语言等营造亲切的交流氛围。

4）心态平和，遇事有耐心、不急躁。

5）懂得换位思考，多站在对方角度考虑问题，充分理解客户的心情，能够体谅安抚客户。

6）对客户的反复询问要理解包容，用客户能听懂、能理解的语言耐心解答。

7）多问一点儿、多想一点儿、想深一点儿、把客户没想到的或后续可能出现的问题，都尽可能全面、细致地考虑到，不让客户多“跑”一次。

8）关注细节，尽己所能给予客户无微不至的关心和体贴，为不同客户提供差异化、个性化的服务，超出客户期望，给客户带来惊喜。

（2）首问负责。最先受理的个人或部门作为第一责任人，负有处理并跟踪督促直至问题最后解决的责任，是我们应承担的服务责任，是实现满意服务的保障。

1）增强工作责任心，接到客户诉求勇于负起责任。

2）第一个接到客户诉求的人员就是第一责任人，对客户诉求不能漠视、放任不管、让问题不了了之或延误处理。

3）面对客户诉求必须积极主动响应和答复，不能简单地跟客户说“不”，不以任何借口推诿、搪塞和拒绝。

4）需要协调解决的问题及时跟踪、督促事件处理，获得客户的满意确认。

（3）有效沟通。采用恰当的沟通方式，通过倾听、提问、引导、理解和反馈，准确、高效、顺畅地传递信息，是我们应掌握的服务技能，是实现满意服务的途径。

1）仔细聆听客户问题。

2）及时回应，避免让客户长时间等待。

3）积极主动沟通，运用沟通技巧，引导客户提供关键信息。

4）善于捕捉和抓住客户问题的关键，准确、全面地理解和把握客户诉求，并与客户进行确认，双方达成一致。

5）用简洁、准确、完整的语言进行解答，让客户能快速准确地理解自己想要表达的内容，在尽量短的时间内完成高质量沟通。

（4）力争一次解决。不断积累经验、提升业务能力，通过精准分析和把握客户需求，采取正确规范的方法尽全力一次性彻底解决问题，是我们应遵循的服务本质，是实现满意服务的关键。

1）学习业务知识，熟知标准规范和流程，掌握业务系统的使用方法，提升专业技能。

2）在日常工作中总结积累经验，汲取教训，学习标杆，逐步提升解决问题的能力。

3）综合分析、深度挖掘、精准把握客户需求，不遗漏任何关键点，弄清楚客户到底想要解决什么问题。

4）采用正确的解决方法，严格按照业务流程步骤处理。

5）对于能当即解答的，一次性准确解答或提供完整解决方案，避免客户二次反映。

6）对于需协同解决的，积极协调一切资源，“内转外不转”，后续各环节工作在规定时间内处理好，并做好闭环反馈，使客户问题得到又好又快地解决。

7）在业务受理过程中，面对合理的特殊需求，要灵活应对，想方设法解决，让客户满意。

学习笔记

第二章

规章制度

知识背景

规章制度是企业内部的“法律法规”，也是企业常用的管理工具。建立和完善各类规章制度，既有效地促进员工的工作积极性，也对企业健康的、长期的发展起到了至关重要的作用。

教学目标

（1）充分调动员工积极性和主动性。

（2）充分发挥员工的激励约束作用。

（3）规范企业内部管理，使企业管理实现规范化、制度化、科学化。

第一节　岗位职级管理办法

一、职责分工

1．中心党委组织部（人力资源部）

中心党委组织部（人力资源部）是客服专员岗位职级的归口管理部门。主要职责：负责客服专员岗位职级设置的政策研究，建立客服专员岗位职级管理制度；指导、检查分中心客服专员岗位职级管理工作。

2．中心业务管理部

中心业务管理部是客服专员岗位职级管理的配合部门。主要职责：负责对客服专员的岗位专业设置和岗位职级管理提出专业意见。

3．分中心党委组织部（人力资源部）

分中心党委组织部（人力资源部）是本单位客服专员岗位职级管理的实施部门。主要职责：负责落实中心客服专员岗位职级相关管理办法和规定，组织开展客服专员职级评定及相关管理工作；负责维护客服专员岗位职级信息，定期向中心人力资源部报备；负责申报本单位客服专员岗位职级信息。

4．分中心其他部门

分中心业务支持部、质量保证部、客服部是本单位客服专员岗位职级管理的实施配合部门。主要职责：负责组织本部门客服专员岗位职级信息的申报；负责配合分中心人力资源部开展客服专员职级评定工作。

二、岗位职级设置

1．按工作性质划分

（1）生产序列岗位：电话服务专员、电子服务专员。

（2）支撑序列岗位：管理维护员、审单员、数据分析师、质检员、知识采编员、内训师。

（3）运营序列岗位：电话服务班长、电子服务班长、质检班长、质检应用主管、知识采编主管、内训主管、综合主管、业务主管、运营主管。

2．按岗位职级划分

（1）生产序列岗位以“星级”为职级标准。电话服务专员（六个星级）分为无星、一星、二星、三星、四星、五星；电子服务专员（四个星级）分为一 星、二星、三星、四星。

（2）支撑序列 / 运营序列岗位均以“等级”为职级标准，职级分为一级、二级、三级。

3．星级、职级岗位比例

星级、职级岗位比例如表 2–1 所示。

表 2–1　　星级、职级岗位比例

<table>
<tr><th colspan="4">生产序列岗位比例（%）</th></tr>
<tr><th colspan="2">电话服务专员</th><th colspan="2">电子服务专员</th></tr>
<tr><td>一星</td><td rowspan="2">≥ 50</td><td>一星</td><td>≥ 50</td></tr>
<tr><td>二星</td><td>二星</td><td>≤ 25</td></tr>
<tr><td>三星</td><td>≤ 25</td><td>三星</td><td>≤ 15</td></tr>
<tr><td>四星</td><td>≤ 15</td><td>四星</td><td>≤ 10</td></tr>
<tr><td>五星</td><td>≤ 10</td><td></td><td></td></tr>
</table>

运营支撑序列岗位比例（%）	
一级	≥ 50
二级	≤ 30
三级	≤ 20

三、职业发展规划

工作勤奋、表现出色、能力出众的客服专员将通过岗位晋升获得优先晋升和发展机会，具体如下：

（1）电话服务专员 / 电子服务专员——电话服务班长 / 电子服务班长——运营主管。

（2）电话服务专员 / 电子服务专员——审单员 / 电话服务班长 / 电子服务班长——业务主管。

（3）电话服务专员 / 电子服务专员——管理维护员 / 电话服务班长 / 电子服务班长——综合主管。

（4）电话服务专员 / 电子服务专员——数据分析师。

（5）电话服务专员 / 电子服务专员——质检员——质检班长 / 质检应用主管。

（6）电话服务专员 / 电子服务专员——知识采编员——知识采编主管。

（7）电话服务专员 / 电子服务专员——内训师——内训主管。

四、岗位职级评定标准

1．生产序列

生产序列岗位职级调整以星级考核成绩为依据。

星级考核成绩 = 星级考试成绩 ×40% + 绩效成绩 ×40% + 能力评价成绩 ×20%

（1）星级考试成绩 = 笔试成绩 ×30% + 系统操作成绩 ×30% + 模拟演练成绩 ×40%。

（2）绩效成绩 = 评定周期个人累计绩效成绩 / 累计月数。

（3）能力评价成绩 = 各项指标评价结果之和 / 指标数量。

（4）生产序列客服专员在星级考核中笔试成绩应高于 60 分，低于 60 分者不得进入星级评定的后续环节。

2．支撑序列 / 运营序列

支撑序列 / 运营序列岗位职级调整以评级考核成绩为依据。

（1）评级考核成绩 = 评级考试成绩 ×40% + 绩效成绩 ×40% + 能力评价成绩 ×20%。

（2）评级考核中考试成绩应高于 60 分，低于 60 分者取消本次职级晋升评定资格。

五、岗位职级评定管理规定

（1）“岗位人数”为中心下达的各序列岗位定员人数，不包括短期用工人数。定员人数一般每 2 年下达一次，另有调整的，按中心文件执行。

（2）岗位职级是客服专员核算薪酬的依据，薪酬核算参照《国家电网公司客户服务中心客服专员薪酬管理办法》相关规定执行。

（3）岗位职级晋升须在满足评级申报条件，岗位职级晋升须通过参加星级考试和职级晋升考试逐级考核评定。

（4）客服专员岗位职级晋升应根据中心人力资源部确定的岗位职级比例，按照晋升考试成绩由高到低择优晋升。

（5）客服专员各星级、职级按比例进行控制，各星级、职级比例见附件。各星级、职级的比例，由分中心根据需要，每 2 年向中心人力资源部申请调整，人力资源部根据客服人才队伍建设需要，调整相关星级、职级比例。

（6）新入职员工原则上试用期内职级为无星，试用期满通过转正考核职级评定为一星。试用期一般为三个月。

（7）生产序列和支撑序列岗位职级晋升考评工作原则上每半年集中组织进行一次。当出现生产序列人员缺员较多情况时，星级考试评定周期可作适当调整，暂定生产序列中一星、二星电话服务专员岗位职级每三个月可组织评定一次，一个年度内最多安排四次。运营序列岗位职级晋升每年度评定一次。生产序列、支撑序列、运营序列实际配备人数占岗位人数比例低于（该星级、职级最高比例）达到或超过 5% 的，应当按岗位职级晋升频率组织晋升考试。

（8）对岗位绩效优异，各方面表现优秀的客服专员，可越级申请参加岗位职级考试。越级申请晋级考试的客服专员申请前连续绩效评价结果为 A 不少于 6 个月，经所在部门负责人推荐，可一并参与申请职级的晋升考试，通过竞聘可办理越级职级调整，越级不得超过 2 个及以上岗位职级，每人每年最多申请一次越级晋升考试。

（9）客服专员星级及职级评定结果公示期为三个工作日。公示期内对结果有异议的，应由本人在三个工作日内提交书面申请复核，分中心人力资源部应在三个工作日内做出是否受理答复，五个工作日内组织仲裁并将结果书面反馈给客服专员本人。

（10）对于已晋升至本序列岗位最高职级的客服专员，中心将从中选拔工作勤奋、表现出色、能力出众的客服专员授予“首席”称号，具备“首席”称号的客服专员工作内容不变，仍从事原岗位工作，并享受对应职级待遇。首席客服专员南北方分中心各设置 10 人，其中，生产序列首席客服专员人员比例不超过首席客服专员总人数的 20%。“首席”称号评聘应通过素质评价、业绩考核、笔试、面试等环节，择优选拔，宁缺毋滥。原则上“首席”称号客服专员聘任期限为两年，由中心人力资源部制定方案并组织选拔评定，每两年组织一次。首席称号员工岗位跨序列调整的，原则上应取消“首席”称号，重新评聘。

（11）对客服专员实行月度绩效考核，按照《国家电网公司客户服务中心客服专员绩效管理办法》规定进行。加强绩效考核结果应用，建立客服专员动态降级机制，对被考核客服专员上一个月度绩效评级为 C，且本月度绩效评级为 D 的，其岗位职级下调一级执行。

（12）对按规定执行待岗的客服专员，不得参与当年星级、职级晋升。

（13）四星级及以上电话服务专员、三星级及以上电子服务专员以及运营、支撑序列岗位人员，年度综合绩效排名后 5% 的人员，按照《国家电网公司客户服务中心客服专员绩效管理办法》进行处理后，没有达到岗位降级、转岗、待岗等人员，应同下级别客服专员一并参加本职级晋升考试，评定通过方可保留岗位职级。

（14）根据竞争性业务和中心队伍建设，需要引进特殊技能或高等级专业人才，主要指 95598 运营及支撑岗位序列的主管、有特殊技能要求的英语座席、电销等岗位人员。由分中心人力资源部根据岗位任职条件，报中心人力资源部批准后，方可组织招聘，人员到岗后按应聘岗位职级执行。

第二节 薪酬管理办法

一、薪酬构成

（1）客服专员薪酬体系以职级、薪级为基础，每个薪级对应固定系数，主要薪酬单元通过系数和基数进行确定。客服专员薪酬等级体系设 10 个职级、60 个薪级，每个职级 6 个薪级，同一职级中薪级系数的级差相同，按职级提升依次递增，1 职级薪级系数级差 0.04 至 10 职级薪级系数级差 0.13，每个薪级对应的系数范围为 0.7 ~ 5.76。

（2）客服专员的薪酬由岗位工资、绩效工资、辅助工资三部分组成。客服专员正常出勤的，月度岗位工资、绩效工资、辅助工资之和不得低于所在地最低工资标准。

二、岗位工资

岗位工资标准 = 岗位工资基数 × 薪级系数

岗位工资占工资总额比重原则上不超过 20%，岗位工资基数由中心统一核定。

三、绩效工资

绩效工资主要有月度绩效奖、月度计件奖、年度绩效奖和专项考核奖四种形式。绩效工资占工资总额比重原则上不低于 70%。

1．月度绩效奖

（1）运营、支撑序列执行月度绩效考核奖标准 A。

月度绩效奖标准 A= 月度绩效奖基数 × 薪级系数

（2）生产序列执行月度绩效奖标准 B。

月度绩效奖标准 B= 月度绩效奖基数 × 薪级系数 – 计件奖标准

2．月度计件奖

月度计件奖 = 话务单价 × 计件制积分

计件制积分 = Σ接听（满意度折算系数 × 业务类型折算系数）+ Σ回访（业务类型折算系数）

3．年度绩效奖

年度绩效奖标准 = 年度绩效奖基数 × 年平均薪级系数

4．专项考核奖

专项考核奖由中心根据完成专项工作或项目的需要设立，与客服专员从事该项工作（项目）的绩效相挂钩，专项考核奖人均标准及额度由中心统一核定。

四、辅助工资

辅助工资包括综合补贴、年功补贴、代班津贴、夜班津贴、节日补贴、表彰奖励、专家津贴、加班工资、未休假补贴等。

1．综合补贴

指为保障客服专员正常工作、生活而发放的覆盖通信、交通、就餐等补贴，综合补贴按月发放，和个人当月出勤情况挂钩。

2．年功补贴

年功补贴标准见表 2–2。

表 2–2　　年功补贴标准

序号	连续工作年限	月标准
1	1～3 年	40 元 / 年
2	4～9 年	80 元 / 年
3	10 年及以上	100 元 / 年

3．代班津贴

因工作需要，由班组成员代理班长行使职权的，可以领取代班津贴，代班津贴标准 3 元 / 小时。

4．夜班津贴

根据中心生产工作的特点设置夜班津贴，夜班津贴标准根据属地规定执行，相关标准报中心人力资源部备案。

5．节日补贴

节日补贴指在春节、端午和中秋三个传统节日发放给客服专员的补贴，补贴标准为春节 500 元 / 人、端午 200 元 / 人、中秋 300 元 / 人。

6．表彰奖励

是指按照公司和中心表彰奖励相关规定发放的工资项目。中心各单位的表彰奖励项目应按规定纳入中心表彰奖励年度计划。

7．专家津贴

是指为加强客服专员人才激励而建立的津贴项目，包括一次性奖励和年度履职考核奖。

具体津贴标准按中心有关规定执行。

8．加班工资

因话务蜂拥、上级安排紧急任务、设备故障检修、突发事故应急等原因，需安排客服专员在规定工作时间以外工作，且无法安排调休，需支付加班工资的，按照国家有关规定执行。客服专员岗位工资标准作为计算加班工资的基数，岗位工资低于所在地最低工资标准的，按所在地最低工资标准作为计算加班工资的基数。

9．未休假补贴

是指符合年休假条件的客服专员，因工作需要，当年未能休假或未能休满应休年休假天数，单位向其支付的应休未休年休假补贴。客服专员岗位工资标准作为计算未休假补贴的基数。

五、其他规定

（1）因工作需要，生产序列客服专员借调至运营、支撑岗位或代理班长事务，履行规定手续，借调时间超过半个月（含）的，月度绩效奖按标准 A 执行，不核算月度计件奖；借调时间未超过半个月的，月度绩效奖仍按标准 B 执行，通过影响工时核算计件奖。未履行借调手续的，月度绩效奖仍按标准 B 执行，计件奖按实际计件积分进行核算。

（2）运营、支撑岗位日常参与必要话务接听，月度接听量超过规定标准的，超出部分按计件奖规则兑现计件奖。运营、支撑岗位月度话务接听量标准由分中心自行制定，报中心人力资源部、业务管理部备案。

（3）客服专员试用期前三个月处于培训期、试岗期，月度绩效奖按标准 A 执行，原则上不核算月度计件奖；迎峰度夏期间，培训期、试岗期客服专员月度人工话务量达到标准话务量 80% 的，超出部分可以核算并兑现月度计件奖。客服专员三个月培训期、试岗期结束后具备话务接听能力按无星级标准执行薪酬待遇的，月度绩效奖按标准 B 执行，核算并兑现月度计件奖。试用期结束后按相应标准执行。

（4）迎峰度夏期间，中心招募的暑期社会实践大学生实践补贴包括基本补贴、就餐补贴、工作量补贴三部分。具体标准由中心统一核定。

（5）当客服专员发生岗位变动时，从变动次月起按新的岗位薪酬标准执行。

（6）客服专员离职的，当月薪酬按实际工作时间进行折算。

附件　客服专员晋升树

客服专员晋升树如图 2-1 所示。

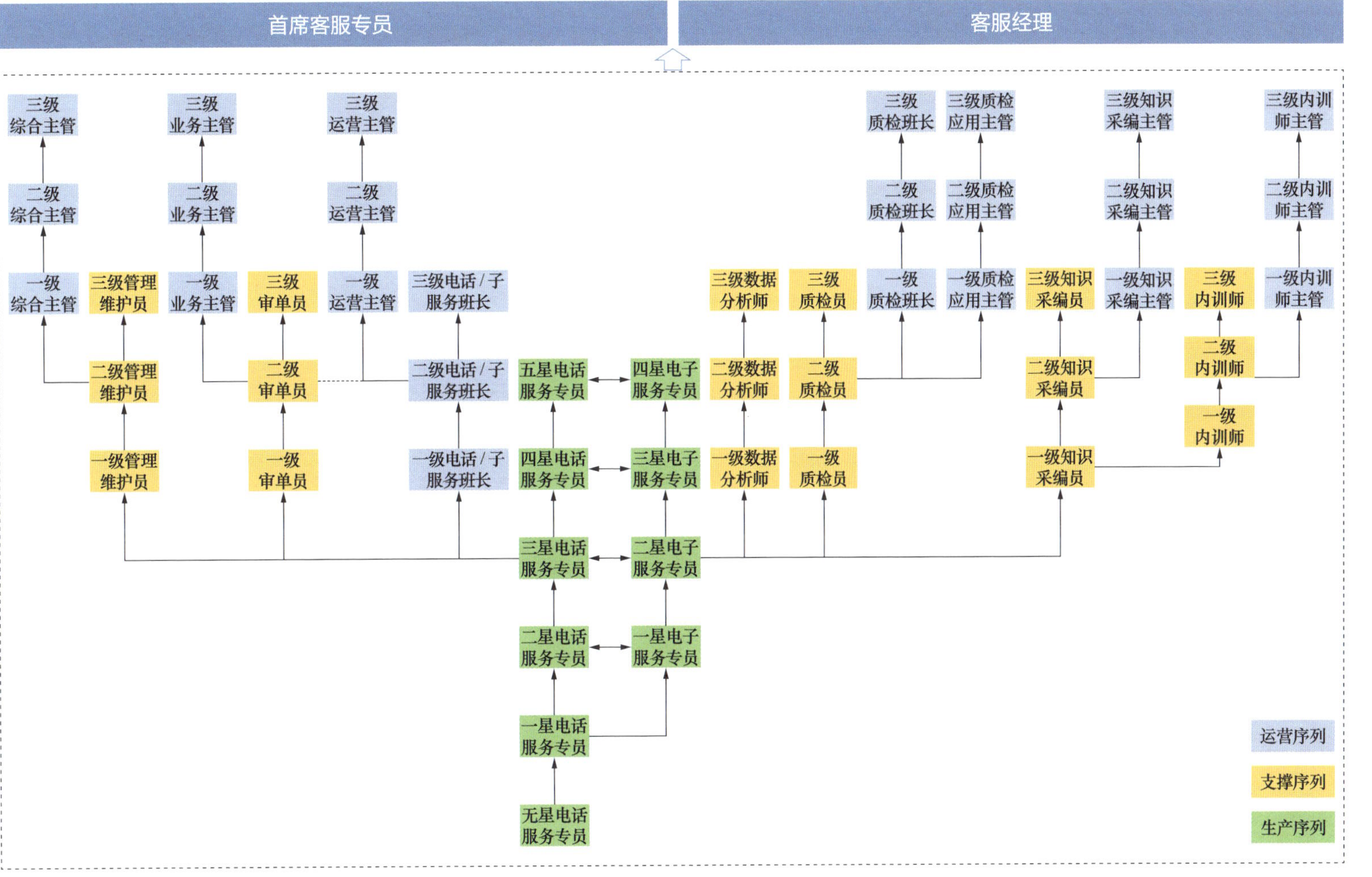

首席客服专员
客服经理
三级综合主管
二级综合主管
一级综合主管
三级管理维护员
二级管理维护员
一级管理维护员
三级业务主管
二级业务主管
一级业务主管
三级审单员
二级审单员
一级审单员
三级运营主管
二级运营主管
一级运营主管
三级电话/子服务班长
二级电话/子服务班长
一级电话/子服务班长
五星电话服务专员
四星电话服务专员
三星电话服务专员
二星电话服务专员
一星电话服务专员
无星电话服务专员
四星电子服务专员
三星电子服务专员
二星电子服务专员
一星电子服务专员
三级数据分析师
二级数据分析师
一级数据分析师
三级质检员
二级质检员
一级质检员
三级质检班长
二级质检班长
一级质检班长
三级质检应用主管
二级质检应用主管
一级质检应用主管
三级知识采编员
二级知识采编员
一级知识采编员
三级知识采编主管
二级知识采编主管
一级知识采编主管
三级内训师
二级内训师
一级内训师
三级内训师主管
二级内训师主管
一级内训师主管
运营序列
支撑序列
生产序列

图 2-1　客服专员晋升树

学习笔记

第三章

安全培训

第三章知识点详解

知识背景

安全工作，意义非同寻常，关乎从业人员的身体安全与健康，关乎企业的可持续发展。安全是保障企业正常运营的关键要素之一，因此每一位员工必须了解中心的安全管理原则、相关规章制度、基本安全知识等内容。

教学目标

（1）了解消防安全注意事项。
（2）了解交通安全注意事项。
（3）牢记并遵守信息安全注意事项。
（4）了解食品安全注意事项。

第一节　安全管理

国家电网有限公司客户服务中心按照“安全第一、预防为主、综合治理”的方针进行安全管理。采取“统一领导，分级负责”的方式，成立中心安全管理小组，坚持“谁主管、谁负责”“管业务必须管安全”的原则，实行全面、全员、全过程、全方位的安全管理，落实安全责任制，做到各司其职，各负其责，密切配合，对园区安全区域进行明确划分，做到“人人有事管、事事有人管”。

【练习 1】单选 · 国家电网有限公司客户服务中心的安全管理方针是（　）。

A. 安全第一　　B. 预防为主

C. 综合治理　　D. 安全第一、预防为主、综合治理

【练习 2】多选 · 国家电网有限公司的安全管理原则是什么?（　）

A. 谁主管、谁负责　　B. 管业务必须管安全

C. 统一领导，分级负责　　D. 安全第一、预防为主、综合治理

第二节　消防安全

一、火灾发生的原因

1．电气火灾

电气火灾是常见的火灾原因之一，这是因电气设备在使用过程中操作不当或者线路故障引起的。电器功率过大、违规使用三无电器产品、电气线路接头接触不良、电气线路短路等是电气引起火灾的主要原因。所以客服专员使用计算机结束后要关闭计算机和显示屏，长时间不使用计算机时，还应断开电源。在宿舍寝室中禁止使用超过 500 瓦的大功率电气设备和三无电器，大功率设备包括大功率吹风机、热得快、电饭煲、取暖器等。

2．吸烟起火

吸烟起火也是常见的火灾原因之一。烟蒂和点燃烟后未熄灭的火柴温度可达到 800 摄氏度，能引起许多可燃物质燃烧，在起火原因中，占有相当大的比重。因此客服专员严禁以下行为：

（1）园区禁烟，吸烟应在指定位置。

（2）严禁将没有熄灭的烟头和火柴梗扔在垃圾桶等易燃物中。

3．生活用火不慎起火

生活用火不慎主要是指在日常生活当中，因为粗心大意引起的火灾。如家用电器安装不当或者炊具使用不当；家中烧香祭祀过程中无人看管，造成香灰散落引发火灾，因易燃易爆物品保存不当引发火灾等。

二、逃生方法

无论是何种原因起火，被困在火灾现场一定不要慌张，想法逃脱才是首要，结合自身所处的位置及周围环境，善于利用和假借外物，学习火灾逃生“八忌”保护自己。

图 3–1　楼梯

一忌惊慌失措。发生火灾时，一定要保持镇定，切不可惊慌失措，乱作一团，盲目地起身逃跑或纵身跳楼。要了解自己所处的环境位置，及时地掌握当时火势的大小和蔓延方向，然后根据情况选择逃生方法和逃生路线（见图 3–1）。

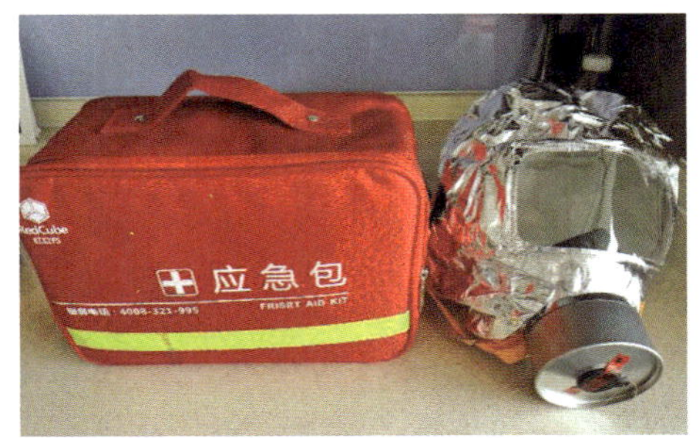

图 3–2　应急包

二忌盲目呼喊。由于现代建筑物室内使用了大量的木材、塑料、化学纤维等易燃可燃材料装修，且装修材料表面常用漆类粉刷，燃烧时会散发出大量的烟雾和有毒气体，容易造成毒气窒息死亡。所以，在逃生时，可用湿毛巾折叠，捂住鼻口、屏住呼吸，起到过滤烟雾的作用。不到紧急时刻不要大声呼叫或移开毛巾，且须采取匍匐式前进逃离方式（见图 3–2）。

三忌贪恋财物。逃生时不要为穿衣服或寻找贵重物品而浪费时间，也不要为带走自己的物品而身负重压影响逃离速度，更不要贪财，本已逃离火场而又重返火场。

四忌乱开门窗。在避难时，千万不要打开门窗。如果避难间充满烟雾，无法避难时，可打开着火一侧门窗，排放烟雾后，应立即重新关闭好。否则，大量浓烟涌入室内，能见度降低、高温充斥，将无法藏身。

五忌乘坐电梯。不要随意去乘坐电梯。因为一旦着火，电梯就会断电，很有可能将人们困在电梯内无法逃生。

六忌随意奔跑。火场上千万不可随意奔跑，否则不仅容易引火烧身，而且还会引起新的燃烧点，造成火势蔓延。如果身上着火应及时脱去衣服或就地打滚进行灭火，也可向身上浇水，用湿棉被，湿衣物等把身上的火包起来，使火熄灭。

七忌方向错误。应从高处向低处逃生，逃生时应从高楼层处向低楼层处逃生，因为火势是向上燃烧的，火焰会自下而上地烧到楼顶。经过装修的楼层火灾向上的蔓延速度一般比人向上逃生的速度还快，当你跑不到楼顶时，火势已发展到了你的前面，因此产生的火焰会始终围着你。如不得已可就近逃到楼顶，要站在楼顶的上风方向。

八忌轻易跳楼。如果火灾突破避难间，在根本无法避难的情况下，也不要轻易做出跳楼的决定，此时可扒住阳台或窗台翻出窗外，以求绝处逢生。

灭火方法

（1）隔离法：将着火的地方或物体与其周围的可燃物隔离或移开，燃烧就会因为缺少可燃物而停止。实际运用时，可将靠近火源的可燃、易燃、助燃的物品搬走；把着火的物件移到安全的地方；关闭电源、可燃气体、液体管道阀门，中止和减少可燃物质进入燃烧区域；拆除与燃烧着火物毗邻的易燃建筑物等。

（2）窒息法：阻止空气流入燃烧区或用不燃烧的物质冲淡空气，使燃烧物得不到足够的氧气而熄灭。实际运用时，可用石棉毯、湿麻袋、湿棉被、湿毛巾被、黄沙、泡沫等不燃或难燃物质覆盖在燃烧物上；用水蒸气或二氧化碳等惰性气体灌注容器设备；封闭起火的建筑和设备门窗、孔洞等。

（3）冷却法：将灭火剂直接喷射到燃烧物上，以降低燃烧物的温度。当燃烧物的温度降低到该物的燃点以下时，燃烧就停止了。或者将灭火剂喷洒在火源附近的可燃物上，使其温度降低，防止辐射热影响而起火。冷却法是灭火的主要方法，主要用水和二氧化碳来冷却降温。

【练习3】多选·火灾发生的常见原因有（　）。

A. 在禁止吸烟处吸烟或乱丢未熄灭的烟头

B. 使用炉火、灯火不慎

C. 电器设备安装使用不当

D. 线路老化、绝缘不良、线路短路

【练习4】多选·如公司发生火灾，应采取以下（　）方法进行逃生。

A. 发生火灾时将衣物打湿防止烧伤，注意捂住口鼻

B. 砸碎玻璃纵身跳下

C. 逃生需走安全通道，切勿乘坐电梯

D. 不按秩序逃离火灾现场

【练习 5】单选 · 关于逃生，以下错误的是（　）。

A. 发生火灾时将衣物打湿防止烧伤，注意捂住口鼻

B. 逃生需走安全通道，切勿乘坐电梯

C. 应急包里的物资可在平时随意使用

D. 发生火灾逃生时弯腰前行

【练习 6】单选 · 消除燃烧过程中的游离基是哪种灭火方法的定义？（　）

A. 隔离灭火法　　B. 抑制灭火法　　C. 冷却灭火法　　D. 窒息灭火法

第三节　交通安全

一、交通安全重要性

交通事故已是世界性的严重社会问题。惨重的交通事故后果使人们不得不对交通安全状况予以高度重视，并将不断进步的科学技术应用于交通安全研究工作中，使汽车更好地造福于人类。国家电网有限公司客户服务中心南北园区距离主城区相对较远，大部分客服专员需乘坐班车或自驾车辆上下班，因此交通安全意识的提高，对于客服专员的人身安全极为重要。

二、园区车辆交通安全管理条例

1. 车辆出入、停放、充电“十项规定”

（1）车辆出入园区应按规定线路及标线行车。

（2）车辆应按规定权限出入园区及地下车库。

（3）车辆园区道路行驶车速不得超速（北中心 30 千米 / 小时、南中心 20 千米 / 小时）。

（4）车辆不得在园区内鸣笛和非指定区域洗车。

（5）车辆不得在园区内非停车区域停放车辆。

（6）车辆停放一律车头朝外按规定区域停放。

（7）车辆停放不得占用消防通道和地下管井盖。

（8）电动车不得长时间占用充电车位停放车辆。

（9）电动车充电应使用专用线桩不得私拉电源。

（10）园区非电动车辆不得占用充电桩车位停放。

2．驾驶员行为规范“十条禁令”

（1）严禁无证驾驶、酒后驾驶、疲劳驾驶。

（2）严禁超速驾驶、超员载客、超时运行。

（3）严禁带病驾驶车辆、开斗气车。

（4）严禁驾驶车辆时吃东西、接打电话。

（5）严禁车辆行驶途中违规停车上下乘客。

（6）严禁私自装运与接驳服务无关物品运行。

（7）严禁驾驶车辆时衣冠不整及穿拖鞋操作。

（8）严禁不按规定时间发车、规定路线行车。

（9）严禁私自安排非单位人员乘坐接驳车辆。

（10）严禁与乘车人员发生口角冲突。

三、通勤交通安全

1．乘坐班车注意事项

（1）上层物品摆放好，避免坠落造成伤害。

（2）上层行李封闭好，避免物品滑出伤人。

（3）乘坐班车时一定要系好安全带。

2．自驾车辆注意事项

（1）驾驶机动车辆，应当依法取得机动车驾驶证。

（2）驾驶人应当遵守道路交通安全法律、法规的规定，按照操作规范安全驾驶、文明驾驶，不超速行驶，不酒后驾驶，不疲劳驾驶。

（3）驾驶摩托车、电动车上下班必须正确戴好安全帽行驶。

（4）遇雨、雪、大雾天气，必须集中精力，减速慢行，提高警惕。

（5）园区限速，进入园区应减速慢行，进入车库转弯时应注意来往车辆。

3．员工乘车“十个不准”

（1）不准上下车拥挤、争抢扒拽车门。

（2）不准车内抽烟、吐痰、乱扔杂物。

（3）不准在行驶过程中车内随意走动。

（4）不准在车辆行驶中不系安全带。

（5）不准抢占座位，影响他人乘坐。

（6）不准在车内打闹、起哄、大声喧哗。

（7）不准故意损坏车内公共设备、设施。

（8）不准携带易燃易爆等危险物品乘车。

（9）不准未经允许私自捎带非单位人员。

（10）不准扰乱车内秩序与司机发生争吵。

【练习7】单选·驾驶车辆时以下哪种行为违反安全法律规定？（　）

A. 驾驶机动车上下班，应当依法取得机动车驾驶证

B. 不酒后驾驶，不疲劳驾驶

C. 遇雨、雪、大雾天气，必须集中精力，减速慢行，提高警惕

D. 骑电动车上下班不需要戴安全帽

【练习8】多选·上下班乘坐交通工具时应该做到（　）。

A. 上层物品摆放好，避免坠落造成伤害

B. 上层行李封闭好，避免物品滑出伤人

C. 每位员工乘坐班车时一定要系好安全带

D. 上下车时互相礼让，不得拥挤，不得扒门，拽车门，不得提前占座

第四节　信息安全

信息安全主要包括以下五方面的内容，即需保证信息的保密性、真实性、完整性、未授权拷贝和所寄生系统的安全性。信息安全本身包括的范围很大，本章节主要介绍95598客服专员在日常工作中应注意的信息安全，防止企业信息的泄露。

一、座席现场信息安全管理要求

（1）严禁携带手机、相机及其他具有拍摄、传输功能的电子产品进入工作区。

（2）严禁擅自利用手机拍摄、记录单位或用户信息。

（3）严禁在内网计算机使用未经公司认证的存储介质，严禁将内网计算机连接无线鼠标、键盘、随身WIFI等无线设备以及手机、非安全U盘、移动硬盘、MP3、数码相机、打印机等设备。

（4）遵守“涉密不上网、上网不涉密”原则，严禁将涉及国家秘密的计算机、存储设备与信息内外网和其他公共信息网络连接，禁止在信息外网计算机上存储和处理涉及企业秘密的信息。

【练习 9】多选·在座席现场以下哪些设备不允许使用或带进工作区?（　）

A. 手机　　B. 相机　　C. 移动硬盘　　D. 键盘

二、桌面终端信息安全管理要求

（1）安全存储介质的交换区和保密区均不得使用初始密码；涉及企业秘密内容及中心重要经营、管理信息和核心数据必须存储在保密区；安全移动存储介质不得存储传递涉及国家秘密信息。

（2）不得在公司网络终端下载、安装盗版或其他历不明软件、游戏软件、其他与工作无关软件。

（3）不得私自拆卸、改装、更换、挪用个人桌面终端及其相关设备。

（4）使用者离开座位应保持锁屏；下班后，应关闭终端计算机系统及其电源。

（5）不得私自将中心所属的桌面终端带离办公场所，若桌面终端出现故障，应联系信息运维中心维修，不得私自将终端设备交由外单位人员维修。

【练习 10】单选·以下何种行为遵守了安全管理要求?（　）

A. 在安全移动存储介质中存储国家秘密信息

B. 在公司网络终端下载游戏软件

C. 离开座位保持锁屏

D. 私自将终端设备交由外单位人员维修

第五节　食品安全

随着我国社会主义市场经济不断发展，食品安全逐渐成为备受关注的焦点，食品的种类越来越丰富，新的食品安全问题不断涌现，严重危害人民群众的身体健康，食品安全尤为重要，食品质量安全关系到人民群众的身体健康，生命安全及社会经济。

一、购买食品要注意质量安全

（1）从正规渠道购买食品，不在无证流动摊贩处购买食品。

（2）购买食品时，要进行色、香、味感官检查，不买已变质或可疑变质食品。

（3）不买国家禁止供应的食品。

（4）购买食品时，尽量索取并保留相关单据。

二、家庭加工食品要注意食品卫生

（1）购买的食品要按照食品包装标签或根据食品特点妥善保存，食用、加工前要仔细检查食品质量。

（2）外购的熟食要及时食用，剩余熟食要冷藏，食用前再加热处理。

（3）冰箱不是“保险箱”，要经常清除冰霜，保持冷藏温度。

（4）防止生与熟、水产品、畜禽与植物性食品的交叉污染。

三、发生食物卫生问题要妥善处理

在外就餐如发生食物卫生问题，应注意按照以下要求妥善处理：

（1）保留剩余食品，使其维持原状。

（2）收集消费单据、发票等有关证据，如已造成健康问题，应及时就诊，并保存病历卡、检验报告等相关证据。

（3）一旦发生疑似食物中毒事件，为避免因时间拖延而导致食物中毒无法认定，应立即向辖区食品药品监督部门投诉，以便得到及时调查。

四、园区就餐注意事项

（1）食堂餐品不要外带。

（2）饭卡每天有消费记录，就餐方式有记录可查。

（3）切勿购买卫生不合格餐厅的外卖。

学习笔记

第四章

职业美感

知识背景

在国网公司发布的《企业文化建设工作指引[2020]》中写出，我们公司的宗旨是人民电业为人民，公司的战略定位是：国民经济保障者，能源革命践行者，美好生活服务者。由此可见客服中心在国网公司的作用将越来越重要。同时，随着大数据的应用越来越深化和普及，客户对服务的要求越来越高，随之而来的是对客服专员的专业水平要求也越来越高，未来一名优秀的客服需要具备卓越的服务意识、优秀的沟通能力、专业的分析能力以及高效的处理问题能力，是真正的“服务专家”。但很多员工的固有思想仍认为客服人员 =“接电话的”，究其原因是对自我职业、岗位认同感不高，将客服工作仅当做一个养家糊口的差事儿而已，本课程能帮助呼叫中心团队打造专业的亲和力服务团队，帮助新员工从意识、能力等全方位进行提升，让员工重新清晰认知行业、企业和自我职业的定位，以饱满的热情投入到今后的工作中。

教学目标

（1）了解未来呼叫行业及企业的发展趋势，提升新员工对职业角色的认同感。

（2）塑造员工主人翁精神，提升员工企业忠诚度。

（3）树立卓越服务精神和优质服务意识，提升亲和力、为塑造优 + 级满意服务奠定基础，提升员工职业素养。

第一节　做个健康快乐的职业人

一、个人心理资本的觉察

要在未来工作中拥有竞争优势，真正有价值的是什么？

价值即个体资本的体现，包含4个方面：即经济资本（你有什么）、人力资本（你知道什么）、社会资本（你认识谁）和心理资本（你是谁）。在职业生涯中往往被人忽视，却是成为健康快乐职业人的关键就是心理资本。

心理资本是在成长和发展过程中发现出来的一种积极心理状态，具体表现为：①在面对充满挑战性的工作时，有信心（自我效能）并能付出必要的努力来获得成功；②对现在与未来的成功有积极的归因（乐观）；③对目标锲而不舍，为取得成功在必要时能调整实现目标的途径（希望）；④当身处逆境和被问题困扰时，能够持之以恒，迅速复原并超越（韧性），以取得成功。

以上4种品质正是符合POB（Positive Organization Behavior）标准的能力，因此也被各个企业作为优秀人才选拔的必要条件之一。

二、初识生涯规划

1．关于自我接纳的三个方面

（1）承担责任：承担属于自己的责任，不逃避、不畏惧。

（2）反思：尽自己最大努力却因种种原因未能达成目的，要适时反思，而不要仅是内疚羞愧，责怪自己。

（3）接纳自己的缺点：学会原谅自己。

2．通过人生系统平衡轮发现属于自己人生平衡幸福的智慧

人生系统平衡轮，是涉及人生各个领域的一张全貌图。用于帮助你对自我当前的现状获得最清晰的认知，使你能够全面察觉当前的人生状态，并愿意为了自我内心想要实现的人生平衡幸福采取积极的行动。

第二节　发现呼叫行业之美

一、认识呼叫中心

1．现代呼叫中心的含义

以 IP 通信技术和 IP 语言为主要应用技术，并与企业连为一体的综合信息服务系统。通过引入 IP 技术，丰富了用户的接入渠道，不再受限于电话方式，使语音和数据合并。其最大作用在于能有效、高速地为用户提供多种服务，实现企业的成本最小化和利润最大化。

2．呼叫中心的分类

（1）按呼叫类型分为：呼入型呼叫中心、呼出型呼叫中心、混合型呼叫中心。

（2）按组建方式分为：自建式和外包式呼叫中心。

（3）按座席数量大小分为：100 人以下的小型呼叫中心；100 ~ 500 人的中型呼叫中心；500 ~ 1000 人的大型呼叫中心（见图 4–1）。

国家电网有限公司客户服务中心客服专员人数在 4500 人左右，属于行业内的超大型呼叫中心，即为呼叫行业的前 6% 的电力呼叫中心。

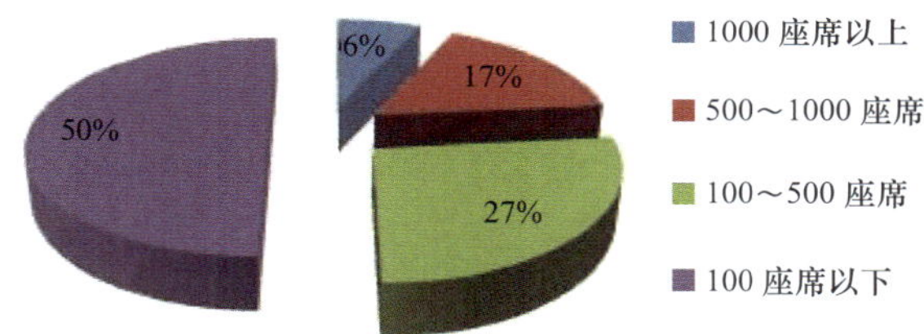

图 4–1　按座席数量大小分布的呼叫中心

二、呼叫中心发展史

1．呼叫中心在国外

（1）起源于 20 世纪 30 年代国外民航业，电话热线。

（2）电信领域，AT&T 建立营销呼出系统，1967 年建设 800 系统。

（3）20 世纪七八十年代，银行系统开始大范围建设。

（4）20 世纪八九十年代，重点行业开始建设。

（5）20 世纪 90 年代开始，各个行业开始普及建设。

【知识延伸】

真正意义上的全球第一家呼叫中心是 1956 年美国泛美航空建立的客户服务中心。主要是让客户通过呼叫中心进行机票预订。

2．呼叫中心在国内

（1）20 世纪七八十年代的公安系统成立了 110、119。

（2）20 世纪 90 年代初，电信系统在 112、114 开始应用。

（3）20 世纪 90 年代中期，电信行业大力建设。

（4）2000 年左右，呼叫中心概念进入中国，在电信系统内部迅速发展。

【知识延伸】

中国真正意义的第一家呼叫中心是 1986 年广州市公安局建立的 110 报警中心。

3．呼叫中心的技术发展

（1）第一代为纯人工热线，特点是自动化程度低，易出错。

（2）第二代加入了 IVR 系统，不过成本较高，且不容易满足客户的个性化需求。

（3）第三代引入的“自动语音 + 人工热线 +CTI 集成技术”，有效提高了企业收益、客户满意度和员工生产力。

（4）第四代多媒体呼叫中心的建立，极大地提高了客户服务能力和效率，让客户方便快捷地享受服务。

（5）第五代云计算技术的应用，推动呼叫中心未来发展成为微成本、高性能、全渠道、大服务的综合性服务中心（见图 4–2）。

图 4–2　呼叫中心技术发展

三、未来呼叫中心发展趋势

1．呼叫中心未来市场规模预测

2020 年我国呼叫中心产业市场规模达到 187 亿元，未来几年将呈持续上升趋势，2022 年将达到 228 亿元（见图 4–3）。

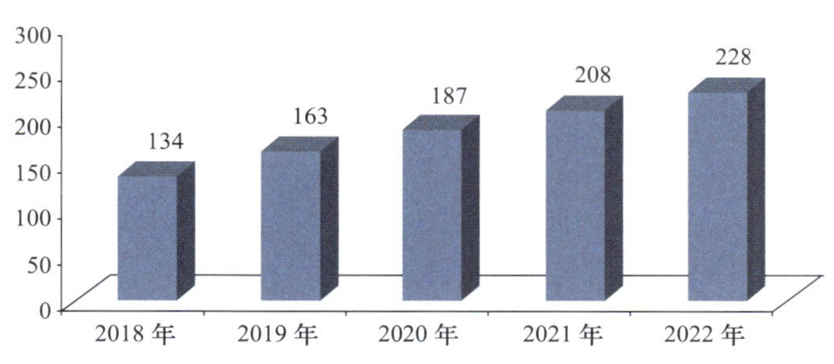

图 4–3　中国呼叫中心产业市场规模

2．认识呼叫中心的九大价值

呼叫中心的九大价值如图 4–4 所示。

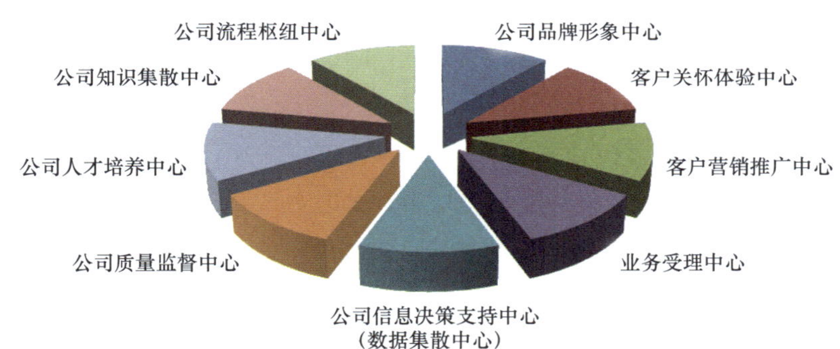

图 4–4　呼叫中心的九大价值

3．呼叫中心与 AI

AI 时代的到来，意味着今后简单枯燥、重复性高的部分的话务工作内容将被取代，而更加复杂、有难度且需要客服人员沟通技巧的话务工作将来越来越作为人工服务的主要目标，这就更需要客服人员具备优秀的同理心，并善于与客户建立连接、有随机应变的头脑，热情积极的工作态度，快速找到客户关键性对话的问题点、并迅速解决问题。这些都是客服人员必须具备的职业要素，也是目前人工智能难以达到的层面。

第三节　发现客服中心企业之美

一、世界级的呼叫中心

（1）管理团队对呼叫中心的运行原理有系统的理解，并贴切地应用到业务实践。

（2）积极向上的工作氛围，鼓励个人成长。

（3）能够阐述呼叫中心的战略价值，制订并达到本部门的目标，为企业利润的增长作出贡献。

（4）杰出的员工满意度和客户满意度。

二、国网客服中心未来发展规划

以客户为中心，坚持融入现代服务体系，打造客户连接平台，共享服务平台、管理支撑平台，到 2020 年，逐步达到能够应用智能 IVR、智能机器人、智能回访、智能语音为核心的智能客服，基本建成大数据运营管理能力、分析洞察能力和开发应用能力，主要服务和运营指标（电话服务满意率、人工服务接通率、信息系统支撑可靠率）达到国际行业领先水平，达到客户中心能力成熟度模型精益级认证标准（CC-CMM L4），为公司建设成为具有中国特色国际领先的能源互联网企业贡献力量取得重大进展。

第四节　发现客服专员岗位之美

一、岗位赋予的优势

一名成熟优秀的高星客服专员，不仅经过严格的培训而且经过重重的选拔，其沟通及话术的专业化程度具有极高水准。同时，客服专员因其职业优势，使其比一般人更具有同理心、更擅长沟通、并且拥有更强的逻辑思维能力，各项能力的提升，为其在职业生涯规划、婚姻及人际交往中提供了大力支持。

二、基于客服岗位的人际能力塑造

1. 自我赋能与客户关系的处理

（1）自我。当我们积极评价自己（高自尊）并相信自己有能力把事情做好（高自我效能感）的时候，我们就会更健康、更幸福。有效应对人生挑战，运用适应性防御机制处理内心冲突，这是主体自我。某些类型的应对策略和防御机制会促进健康和幸福。

（2）家人、朋友。人具有社交天性，大脑中的社交本能促使人与人之间的交往，他让人们渴望得到朋友和家人的拥抱，而社交使人们变得更容易相信别人，更具有合作精神且更慷慨大方。

（3）客户。面对千上万的电力客户，他们即是陌生人，也是需要我们帮助的人。抢险救灾、迎峰度夏、雪域高原永远有我们电力人的身影。勇担社会责任、奉献铸造辉煌，95598客服区别于其他电话客服，我们即是用户的知心人也是爱心的传递者。

2. 潜意识沟通与职场人际关系处理

（1）关于人体潜意识。是指人类心理活动中，不能认知或没有认知到的部分，是人们“已经发生但并未达到意识状态的心理活动过程”。我们是无法觉察潜意识的，但它影响意识体验的方式却是最基本的—我们如何看待自己和他人，如何看待我们生活中日常活动的意义，我们所做出的关乎生死的快速判断和决定能力，以及我们本能体验中所采取的行动。潜意识所完成的工作是人类生存和进化过程中不可或缺的一部分。

（2）关于潜意识与社会资源的获得。感恩心强的人，通过潜意识的散发，能让人感到别人帮助他有价值感。从而吸引周边的社会力量和社会资源，帮助其成长。

第五章

职场礼仪

知识背景

95598 供电服务热线是国家电网有限公司对外服务的重要窗口，客服专员的服务行为会给客户最直接的感受。良好的服务礼仪不仅体现客服专员的职业素养，而且有助于提升公司在客户心中的企业形象。

因此，客服专员上岗前需学习基本服务规范和服务礼仪，以便为客户提供更优质的服务。

培训目标

（1）了解职场礼仪的基本要求和原则。

（2）掌握职场礼仪规范，提升客服专员自身修养。

（3）塑造客服专员良好的职业形象，规范客服专员的职业行为，为企业展示良好的员工风貌。

第一节　职场礼仪的含义

一、职场礼仪的定义

职场礼仪，是指人们在职业场所中应当遵循的一系列礼仪规范，包括内在和外在两种主要因素，每一个职场人都需要有塑造并维护自我职业形象的意识。了解、掌握并恰当地应用职场礼仪有助于完善职场人的职业形象。

二、职场礼仪的原则

（1）敬人的原则。职场交往过程中需要尊敬、重视对方，无论是上级之间、平级之间、下级之间、客户之间，尊重对方是最起码的教养。

（2）真诚的原则。只有真诚待人，才能尊重他人；只有真诚尊重，方能创造和谐愉快的人际关系，真诚和尊重是相辅相成的。真诚是对人对事的一种实事求是的态度，是待人真心实意的表现。

（3）自律的原则。自我对照，自我反省，自我要求，自我检点，自我约束，勿妄自尊大、口是心非，这些都是自律的基本要求。

（4）适度的原则。职场礼仪同样需要适度得体、掌握分寸，多一分会让人感觉过于热情，显得谄媚，少一分又让人感觉过于冷淡，显得自傲。

三、职场礼仪的重要性

（1）职场礼仪是一个人的思想道德水平、个人修养的外在表现。

（2）职场礼仪有助于个人发展。拥有良好职场礼仪的人能和身边的同事相处融洽，更容易被领导所认可，从而能得到更多的重用，有助于个人发展。

第二节　职场形象

职场形象是指在职场中树立的印象，主要包括外在形象和品德修养等。国网客服中心客服专员须保持仪容仪表美观大方，统一着装，并佩戴工号牌（见图 5-1）。

图 5-1　职场员工统一着装

一、面部

在职场中，每个人的仪容都会引起身边人的关注，并将影响到对自己的评价中，所以良好的仪容非常重要。

具体要求如下：

（1）眼睛。清洁、无分泌物，避免眼睛布满血丝。

（2）鼻子。勿当众抠鼻子，拧鼻子，或者乱抹、乱弹鼻垢，别让鼻毛探头探脑。

（3）口腔。保持清洁、无食品残留物，上班前不能喝酒或吃有异味食品，坚持刷牙，嘴唇要防止爆皮、生疮、开裂；男士坚持每天剃须。

（4）面容。具有亲和力的微笑；女士淡妆上岗，以淡雅、清新、自然为宜，不浓妆艳抹。

二、头发

头发是人体的制高点，非常容易引起他人的注意力，因此要注意：

1．男士头发

在商务礼仪中，男士的发型发式标准就是干净整洁，要注意经常修饰、修理。头发不应该过长或过短，在 3～7 厘米即可，前部的头发不要遮住眉毛，侧部的头发不要盖住耳朵，后部的头发不要长过西装衬衫领子的上部，头发不要过厚，鬓角不要过长（见图 5-2）。商务男士不宜留长发、不烫发、不染发。

(a)

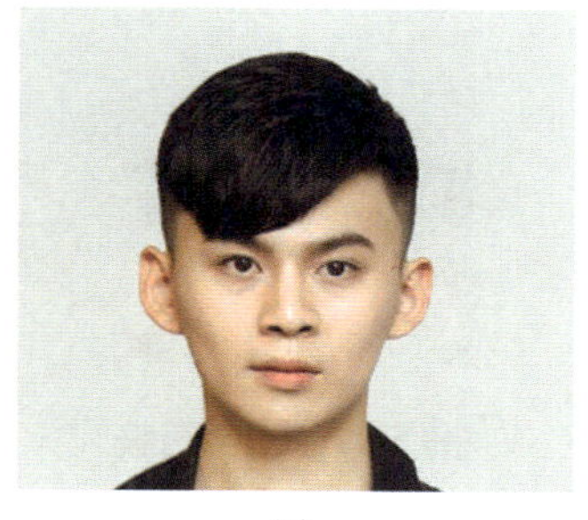

(b)

图 5-2　男士头发

（a）正确；（b）错误

2．女士头发

前不遮眉，后不过肩，正式场合下盘起头发，不染过于鲜艳的颜色，不带夸张的发饰，发型不过分时尚（见图 5–3）。

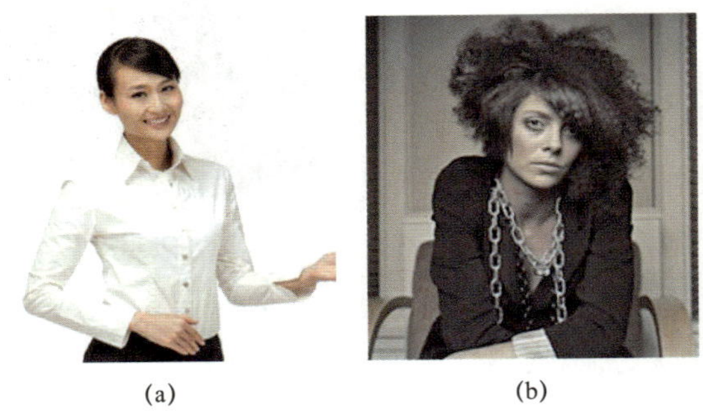

图 5–3　女士头发

（a）正确；（b）错误

三、着装

1．男士着装

随着经济的发展和各国的友好往来，西装已成为当今国际上最标准的通用商务穿着，可以在各种场合穿着。国网客服中心也为员工配发了统一的工装，具体穿着要点如下：

（1）男士穿着西服的时候，通常最下面一颗纽扣是不系的，坐下的时候上面的纽扣也是需要解开的，起立时再将纽扣扣好（见图 5–4）。

（2）男士西裤的标准长度以到鞋尖算起的第三个鞋带眼为宜，通常，裤边前面在鞋子面应该刚好有一个小折痕，最好就是人站着不动的时候，裤子的裤边刚好能到鞋子高度的中间（见图 5–5）。

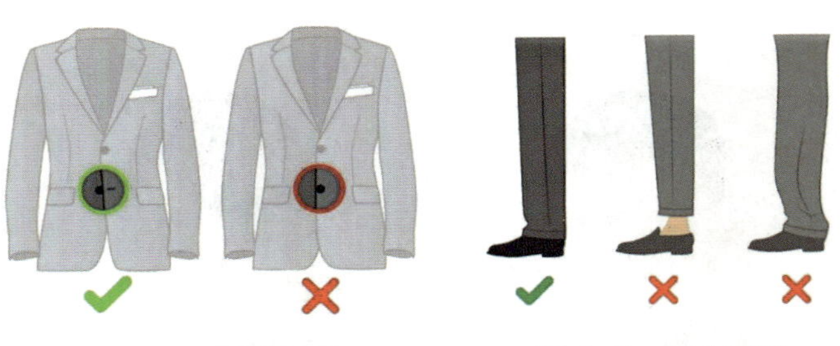
图 5–4　男士西服　　图 5–5　男士西裤

（3）最正确的领带长度应该是领带尾部刚好在腰带上方，即领带的底端在刚过肚脐的地方，过长或者过短就会显得身体比例不协调（见图 5–6）。

（4）穿西装时，衬衣袖口一般长于西服 1～2 厘米，并且要拆除西服袖口的商标（见图 5-6）。

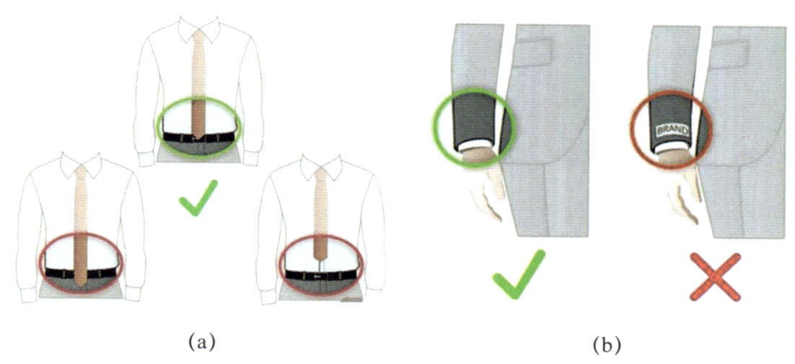

(a)　(b)

图 5-6　男士领带，衬衣袖口

（a）领带；（b）衬衣袖口

【知识延伸】穿西服的小细节

（1）不要穿有明花、夸张图案的衬衣。

（2）浅颜色衬衣不要太薄。

（3）领角有扣的衬衫即使不打领带也要扣上。

（4）不打领带时，衬衣第一个扣子要解开。

（5）领带的颜色艳于衬衣或深于衬衣，不要有别的公司 logo。

（6）穿毛衣或马甲时，领带应放在毛衣、马甲的里面，即贴住衬衣。

（7）衬衫领子不要太大，领脖间不要有过大的空隙。

（8）穿着正装西服时，不宜内搭半袖衬衣。

2．女士着装

工作时间必须身着公司统一的制服，服装要熨烫平整、干净、无破损。切忌穿紧、透、露、花哨、颜色过艳的服装。穿裙装时，必须穿连裤丝袜或长筒袜，颜色以与裙装搭配协调，高度以不露腿为宜。裙子以不短于膝上 3 厘米，不长至脚面。忌光脚穿鞋，不穿跳丝、有洞或补过的袜子。衬衫袖口须扣上，衬衫下摆须束在裙内或裤内。胸前不得佩戴装饰性很强的装饰物、标记和吉祥物。项链应在制服内，不得外露。着黑色中跟皮鞋，不得穿露指和休闲鞋，保持鞋面光亮、清洁。忌鞋跟过高。

【知识延伸】

所有适合职业女士在正式场合穿着的职业装裙式服装中，套裙是首选。它是西装套裙的简称，上身是女式西装，下身是半截式裙子。也有三件套的套裙，即女式西装上衣、半截裙外加背心。但也要注意以下几点：

（1）**不穿黑色皮裙**。女士在穿着裙装方面要注意首先注意这个问题。越是正规场合，越不能穿黑色皮裙。

（2）**正式场合不光腿**。光腿穿裙子主要是为了凉爽，夏季时在普通的休闲场合，女士穿裙装可以光腿，但在正式场合却不适宜光腿。

（3）**不露三节腿**。所谓三节腿，是指女士穿裙装和袜子时搭配不好，丝袜的长度要高于裙子的下摆，袜口外露形成丝袜、小腿皮肤和裙子"三节腿"。有人觉得光脚丫不好，高筒袜又太热，就改穿短袜，结果形成恶性分割；有人也认为应该穿高筒袜，但到了下午觉得太热，就把袜子卷一卷，露出三节腿；有人也穿袜子，但裙子太短，连膝盖都到不了，这也成了三节腿。

（4）**注意配饰**。不要佩戴会妨碍工作的饰物，饰物颜色、质地一致，同时香水味道不能太浓、不能太怪。

四、坐姿

正确的坐姿要求是"坐如钟"，即坐相要像钟一样端正，正确优雅的坐姿是一种文明的行为，它既是能体现一个人的形态美，又能体现行为美。

1．标准坐姿要点

（1）入座轻而稳，女子入座时，若穿的是裙子或者风衣，应该提前手将衣摆稍稍拢一下，坐下就不要乱动了。

（2）就座之后不要低（抬）头乱看，双目平视，嘴唇微闭带一点笑容，不要抬起下巴。

（3）双肩平正放松不要紧张，两臂自然弯曲放在膝上，不要拐着椅子扶手。

（4）挺胸、立腰、上体自然挺直，双膝自然并拢，双腿正放或侧放。

（5）至少坐满椅子的 2 / 3，脊背轻靠椅背。

（6）起立时，轻而稳不要发出声响。

（7）谈话时，不要靠着椅背，可以侧坐，上体与腿同时转向一侧。

2．男士坐姿

男士坐姿如图 5–7 所示。

（1）前伸式：坐正，两腿前伸，后脚在前脚后跟处。

（2）侧身前伸式：身体微向谈话人方向，两腿前伸，后脚在前脚后跟处。

（3）标准式：双脚平行，间隔一个拳头的距离，大腿与小腿成 90 度。

（4）重叠式：右小腿垂直于地面，左腿在其上重叠，左小腿向里收，脚尖向下，上手扶于扶手上或腿上。

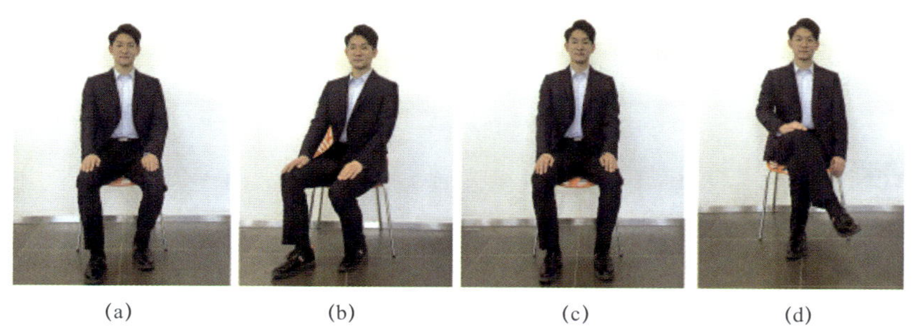

(a)　(b)　(c)　(d)

图 5-7　男士坐姿

（a）前伸式；（b）侧身前伸式；（c）标准式；（d）重叠式

3. 女士坐姿

女士坐姿如图 5-8 所示。

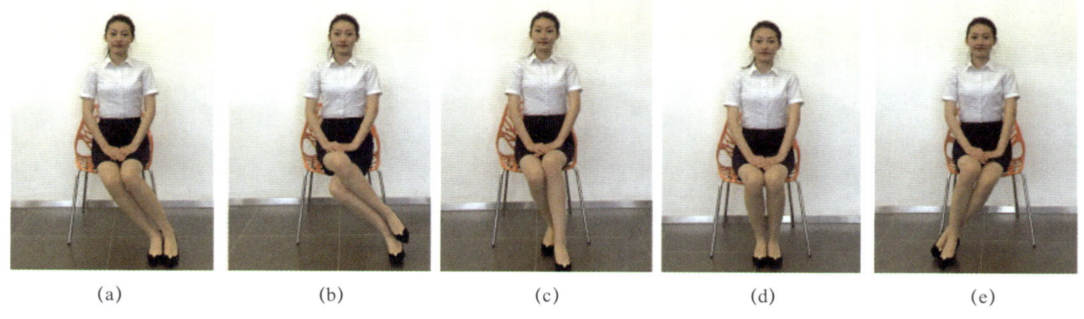

(a)　(b)　(c)　(d)　(e)

图 5-8　女士坐姿

（a）侧点式；（b）重叠式；（c）屈直式；（d）标准式；（e）侧挂式

（1）侧点式。要领：两小腿向左斜出，两膝并拢，右脚跟靠拢左脚内侧，右脚掌着地，左脚尖着地，头和身躯向左斜。注意大腿小腿要成 90 度的直角，小腿要充分伸直，尽量显示小腿长度。

（2）重叠式。重叠式坐姿我们通俗会说成二郎腿，长期此坐姿容易造成腰椎与胸椎压力分布不均，引起腰痛、静脉曲张等疾病。所以此坐姿建议少用。

要领：在标准式坐姿的基础上，腿向前，一条腿提起，腿窝落在另一腿的膝关节上边。要注意上边的腿向里收，贴住另一腿，脚尖向下收起。

（3）屈直式。要领：右脚前伸，左小腿屈回，大腿靠紧，两脚前脚掌着地，并在一条直线上。

（4）标准式。此坐姿适合于刚刚与客人接洽，也就是我们的入座式。

要领：抬头收额，挺胸收肩，两臂自然弯曲，两手交叉叠放在偏左腿或是偏右腿的地方，并靠近小腹。两膝并拢，小腿垂直于地面，两脚尖朝正前方。着裙装的女士在入座时要用双手将裙摆内拢。

（5）侧挂式。要领：在侧点式基础上，左小腿后屈，脚绷直，脚掌内侧着地，右脚提起，用脚面贴住左踝，膝和小腿并拢，上身右转。

五、站姿

站姿是人的一种本能，是人站立的姿势，它是人们平时所采用的一种静态的身体造型，同时又是其他动态身体造型的基础和起点。常言道："站如松，坐如钟"，这是中国传统的有关于形象的标准。人们在描述一个人生机勃勃充满活力的时候，经常使用"身姿挺拔"这类词语。

1．男士站姿

双脚平行打开，略窄于肩宽，双臂放松，自然下垂于体侧，手指自然弯曲或者右手握住左手腕并下垂（见图 5-9）。

图 5-9　男士站姿

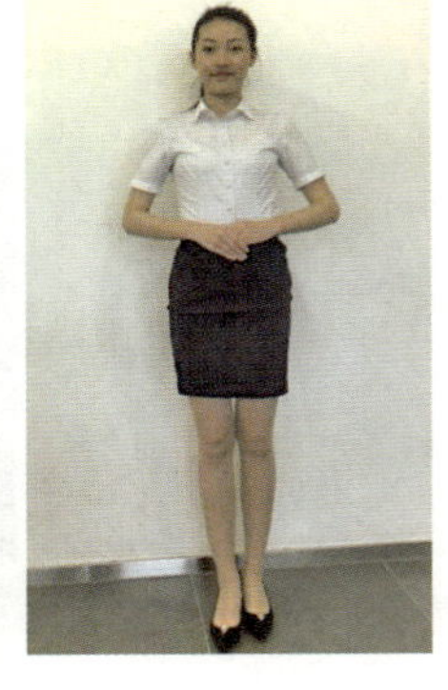
图 5-10　女士站姿

2．女士站姿

女士站姿如图 5-10 所示。

（1）上半身。双手：双手置于身体两侧或者右手搭在左手上贴在腹部。

躯干挺直，收腹，挺胸，立腰。

头颈：颈部伸直，头微向下，下颌微收，嘴唇微闭，双目向前平视。

双臂：自然，不耸肩。

（2）下半身。裤装：脚跟成"V"字形，或双脚稍微分开。

裙装：丁字步，脚型成"丁"字形（一只脚伸出向前，另一只脚斜侧，让斜侧脚与前脚相交），双腿之间不要有缝隙。

3．站姿禁忌

（1）正式场合站立时，不可双手插在裤袋里，这样显得过于随意。

（2）不可双手交叉抱在胸前，这种姿势容易给人傲慢的印象。

（3）不可歪倚斜靠，给人站不直，十分慵懒的感觉。

六、行姿

行姿是站姿的延续动作，是在站姿的基础上展示人的动态美。协调稳健、轻松敏捷的行姿能够展现出商务人员朝气蓬勃、积极向上的精神风貌和职业素养。

行姿礼仪的基本要求是：正确而自然、优雅有风度、轻捷有节奏。起步时，上身略向前倾，身体重心落在前脚掌上。行走时，身体直立，昂首挺胸，收腹立腰，目光平视，下颌微收，表情自然平和。双肩平稳，手臂伸直放松，手指自然弯曲。摆动时，手臂以身体为中心前后自然摆动，摆幅一般在 30 度 ~ 45 度，腿部伸直，重心稍前倾，脚尖微向外或向正前方伸出，两腿有节奏地向前交替迈出，脚步要轻并且富有弹性和节奏感。标准步幅为一脚至一脚半，即前脚脚跟与后脚脚尖之间的距离为本人脚长度的 1 ~ 1.5 倍。男士行走时，两只脚踩出的是两条平行线，且步履要雄健有力、不慌不忙，展现雄姿英发、英武刚健的阳刚之美；女士行走时，两脚的脚后跟尽可能踩在同一条线上，且跨步要轻捷优雅、步伐适中，展现出温柔、矫健的阴柔之美。

第三节　职场行为规范

一、握手礼仪

两人相向，握手为礼，是当今最为通用的礼节。不仅熟人、朋友，连陌生人、对手，都可能握手。握手常常伴随寒暄、致意、欢迎、多谢、保重、再见、友好、祝贺、感谢等含义。

1．握手礼仪规范

握手礼仪示范如图 5-11 所示。

（1）一定要用右手握手，握手时双目应注视对方，微笑致意或问好；

（2）要紧握对方的手，时间一般以 1 ~ 3 秒为宜。当然，过紧地握手，或是只用手指部位漫不经心地接触对方的手都是不礼貌的；

（3）握手时，年轻者对年长者、职务低者对职务高者都应稍稍欠身相握。有时为表示特别尊敬，可用双手迎握；

（4）被介绍之后，最好不要立即主动伸手。年轻者、职务低被介绍给年长者、职务高者时，应根据年长者、职务高者的反应行事，即当年长者、职务高者用点头致意代替握手时，年轻者、职务低者也应随之点头致意；

图 5-11　握手礼仪示范

（5）主人、长辈、上司、女士主动伸出手，客人、晚辈、下属、男士再相迎握手。长辈与晚辈之间，长辈伸手后，晚辈才能伸手相握；上下级之间，上级伸手后，下级才能接握；主人与客人之间，主人宜主动伸手。如果有人忽略了握手礼的先后次序已经伸了手，对方都应毫不迟疑地回握。但手上有水或不干净时，应谢绝握手，同时必须解释并致歉。

2．握手礼仪禁忌

（1）不用不洁之手与他人相握。

（2）不交叉握手、不戴着手套握手。

（3）不双手握手、不左手握手。

（4）不在握手时将另一只手放在衣袋里。

（5）不戴着墨镜握手，患有眼疾或眼部有缺陷者例外。

【思考 1】假设你是一名负责新员工培训的内训师，有一名非常好学的新员工向你请教问题，此时领导路过询问你们在讨论什么问题，此时你如何介绍领导和新员工，他们握手的顺序是什么？

二、递交物品礼仪

在我们的日常生活中，将一个东西递给他人的情况，时时都会发生。就在这一递一接中，除了必须双手递物外，还有很多讲究，处处能够显示出礼节来。具体规范如下：

1．递接物品的基本原则

递接物品的基本原则是举止要尊重他人。如双手递物或接物就体现出对对方的尊重。而如果在特定场合下或东西太小不必用双手时，一般要求用右手递接物品。

2．递接物品的方法及注意事项

递笔、刀、剪之类尖利的物品时，需将尖端朝向自己握在手中，而不要指向对方。如果是下属把文件交给领导时，应该将文件的正面朝上，用双手递上。如果是招待客人用茶时，往往一手握茶杯把儿或扶杯壁，一手托杯底，并说声“请用茶”，若茶水较烫，可将茶杯放到客人面前的茶几上；如果接主人敬上的茶，应站起身伸出双手，说“谢谢”。

3．递接名片

递接物品这一小小的动作往往却能给人留下难忘的印象，而现代生活中有很多人用名片代替了自我介绍，所以我们还应掌握递名片的礼节。名片一般都有一定的规格，长 9 厘米，宽 5.5 厘米，上面印着姓名、职位、地址、电话等。虽然递送与接收名片只是一个小小的动作，但是它还是包含了很多重要的东西。关注细节，为自己赢得他人的关注与尊重。递接名片示范见图 5–12。

图 5-12　递接名片

在递交名片时，我们应注意以下几点：

（1）如果是坐着，尽可能起身接受对方递来的名片。

（2）辈分较低者，率先递出个人的名片。

（3）到别处拜访时，经上司介绍后，再递出名片。

（4）接受名片时，应以双手去接，并确定其姓名和职务。

（5）接受名片后，不宜随手置于桌上，应收好。

（6）不可递出污旧或皱褶的名片。

（7）尽量避免在对方的名片上书写不相关的东西。

（8）不要无意识地玩弄对方的名片。

（9）上司在时，要等上司递上名片后才能递上自己的名片。

三、乘车礼仪

乘坐车辆时以礼待人，应当注意到乘坐车辆时的许多细节上。

第一个称为“社交场合的上座”：即主人开车的情况，上座为副驾驶座。这个位置能和主人方便地交谈。如果这时你坐在后排，就有把主人当成你司机的嫌疑。具体座次图如图 5-13 所示。

第二个称作“公务接待”的上座：开车的人是专职司机。上座是后排右座。这跟我国道路行驶规则有关。后排比前排舒服，右边比左边上下车方便。具体座次图如图 5-14 所示。

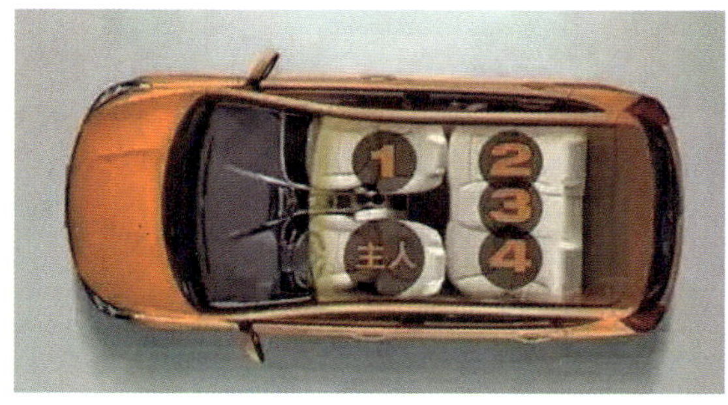

图 5-13　社交场合的上座

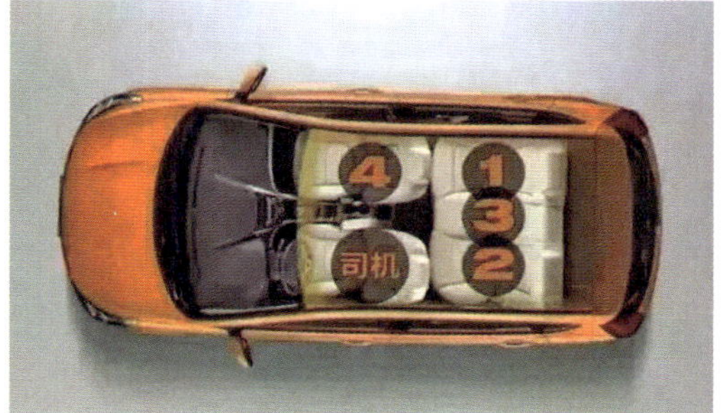

图 5-14　公务接待的上座

【思考 2】假设你是公司负责接待的人员，公司来了重要客户，你需要陪同领导和客户乘车去往工作现场参观，你如何安排座位？

学习笔记

第六章

法律法规

第六章知识点详解

知识背景

随着社会主义市场经济体制逐步完善和电力体制改革的进一步深化，供用电双方产生的矛盾日益突出，如电费收取、盗窃电能、触电事故和破坏电力设施等问题。由于客户的维权意识逐步提高，电力纠纷事件逐年增加，这就需要客服专员学会运用法律的武器保护自己，维护公司利益。因此，客服专员要做到学法、懂法、守法、用法。

教学目标

（1）了解电力法律法规体系。

（2）掌握电力供应与使用条例、电力设施保护条例以及供用电营业规则中与客户服务相关条款。

第一节 电力法律法规体系

一、电力法

《电力法》于1995年12月28日第八届全国人民代表大会常务委员会第十七次会议通过，由江泽民主席签署中华人民共和国主席令第60号公布，自1996年4月1日起施行，于2018年修订（见图6–1）。

《电力法》主要包含总则、电力建设、电力生产与电网管理、电力供应与使用、电价与电费、农村电力建设和农村用电、电力设施保护和监督检查、法律责任等内容，适用于中华人民共和国境内的电力建设、生产、供应和使用活动。

图6–1 中华人民共和国电力法

二、电力行政法规

《电力法》的贯彻实施需要制定相应的行政法规来支持。国务院依据电力发展需要和《电力法》授权，颁布实施了《电力供应与使用条例》《电力设施保护条例》《电网调度管理条例》《电力监管条例》《电力安全事故应急处置和调查处理条例》，搭建了电力法规体系的重要支撑框架。

1.《电力供应与使用条例》

该条例由中华人民共和国国务院以第196号国务院令发布，自1996年9月1日起施行。在中华人民共和国境内，电力供应企业和电力使用者以及与电力供应、使用有关的单位和个人，必须遵守本条例（见图6–2）。

2.《电力设施保护条例》

该条例最早由国务院于1987年9月制定发布，1998年1月7日修订施行了新的《电力设施保护条例》。该条例是贯彻实施《电力法》的一部重要行政法规，是电力管理部门、公安机关、电力企业和全社会加强电力设施保护、打击盗窃破坏电力设施违法犯罪行为、保证电力供应、维护电网

图6–2 电力供应与使用条例

安全和社会公共安全的法律依据。

3.《电网调度管理条例》

该条例经 1993 年 2 月 19 日国务院第 123 次常务会议通过，6 月 29 日中华人民共和国令第 115 号发布。该条例的颁布是为了加强电网调度管理，保障电网安全，保护用户利益，适应经济建设和人民生活的需要。该条例分总则、调度系统、调度计划、调度规则、奖励与处罚、并网与调度、附则，自 1993 年 11 月 1 日起施行。

4.《电力监管条例》

该条例在 2005 年 2 月 2 日国务院第 80 次常务会议通过，2005 年 2 月 15 日国务院令第 432 号公布，自 2005 年 5 月 1 日起施行（见图 6-3）。为加强电力监管，规范电力监管行为，完善电力监管制度，制定该条例。该条例颁布，是中国电力市场化改革不断深化的一个重要成果，对于建立和完善正常的电力市场秩序，在电力行业开展公平竞争，依法保护电力投资者、经营者和使用者的合法权益和社会公共利益，保障电力系统安全稳定运行，促进中国电力市场化改革的深入和中国电力事业的健康发展都具有重要意义。从此，实施电力监管有了基本的法律，电力监管工作也将由此正常展开。

图 6-3　电力监管条例

5.《电力安全事故应急处置和调查处理条例》

该条例已经在 2011 年 6 月 15 日国务院第 159 次常务会议通过，2011 年 7 月 7 日国务院令第 599 号公布，自 2011 年 9 月 1 日起施行。为了加强电力安全事故的应急处置工作，规范电力安全事故的调查处理，控制、减轻和消除电力安全事故损害，制定了该条例。

三、地方性电力法规

各省、自治区、直辖市人民代表大会及其常务委员会可以结合本地在实施国家电力法律法规过程中遇到的情况和问题，尤其是电力设施保护、打击盗窃电能违法行为以及电力供应与使用等的新情况、新问题，出台了一系列的地方性法规。例如《 × × 省电力设施和电能保护条例》《 × × 省电力设施保护实施办法》。

四、部门规章和地方（政府）规章

国务院电力行政管理部门制定实施了大量电力行政规章，主要有《电网调度管理条例实施办法》（电力工业部令第 3 号）、《供用电监督管理办法》（电力工业部令第 6 号）、《居民

图 6–4 电力法及配套规定汇编

用户家用电器损害处理办法》(电力工业部令第 7 号)、《供用电营业规则》(电力工业部令第 8 号)、《电力工业环境保护管理办法》(电力工业部令第 9 号)、《电力知识产权管理暂行规定》(电力工业部令第 10 号)、《进网作业电工管理办法》(能源部第 9 号)、《电力设施保护条例实施细则》(国家经济贸易委员会、公安部第 8 号)等。这些规章的公布实施，与电力法及电力行政法规相配套，极大地增强了电力法律法规的可操作性，推动了电力法律法规的有效实施（见图 6–4)。

各省、自治区、直辖市人民政府，省、自治区人民政府所在地的市人民政府和国务院批准的较大市人民政府可以结合本地在实施国家电力法律法规过程中遇到的情况和问题，尤其是电力设施保护、打击盗窃电能违法行为以及电力供应与使用等的新情况、新问题，出台了一系列的地方性规章。

国家层面的电力法律法规和规章，加上电力地方性法规和规章，形成了以《电力法》为龙头的全方位、多层次、相对健全完整的电力法律法规体系。

【练习 1】单选 · 以下不属于电力行政法规的是（ ）。

A.《电力法》

B.《电力供应与使用条例》

C.《电力设施保护条例》

D.《电力监管条例》

【练习 2】单选 · 以下属于地方性电力法规的是（ ）。

A.《电网调度管理条例实施办法》

B.《×× 省电力设施和电能保护条例》

C.《供用电监督管理办法》

D.《电力工业环境保护管理办法》

【练习 3】单选 · 以下不属于部门规章和地方（政府）规章的是（ ）。

A.《×× 省电力设施和电能保护条例》

B.《电网调度管理条例实施办法》

C.《供用电监督管理办法》

D.《电力工业环境保护管理办法》

第二节　电力法律关系主体的设定与职责

法律关系主体是法律关系的参加者，即在法律关系中一定权利的享有者和一定义务的承担者。在我国，法律关系主体一般包括国家、机构和组织以及公民。《电力法》首先从法律上确定了电力行业政企分开。电力法律关系中主要的主体包括电力管理部门、国家电力监管委员会、电力企业和电力用户。

一、电力管理部门

电力管理部门主要是指电力行业的监督管理部门，是电力行业的行政管理主体，由国家到地方表现有不同层次，国务院电力管理部门是电力行业的最高管理部门。按照国务院办公厅 1996 年 11 号通知，在现行电力工业管理体制下，由县级以上地方人民政府指定的经济综合主管部门履行电力管理部门的职责。其主要职责为：

（1）协调决定并网协议的签订。

（2）审查批准供电营业许可。

（3）裁决供电人与用电人的停电纠纷。

（4）安排用电指标。

（5）批准进入电力设施保护区作业。

（6）对供电人与用电人进行监督检查。

二、国家电力监管委员会

国家电力监管委员会是行使行政执法职能，依照法律法规统一履行全国电力监督职责的机构。主要职责为：

（1）负责全国电力监管工作，建立统一的电力监管体系，对国家电力监管委员会的派出机构实行垂直领导。

（2）研究提出电力监管法律法规的制定或修改建议，制定电力监管规章，制定电力市场运行规则。

（3）参与国家电力发展规划的制定，拟定电力市场发展规划和区域电力市场设置方案，审定电力市场运营模式和电力调度交易机构设立方案。

（4）监管电力市场运行，规范电力市场秩序，维护公平竞争；监管输电、供电和非竞争性发电业务。

（5）参与电力技术、安全、定额和质量标准的制定并监督检查，颁发和管理电力业务许可证，协同环保部门对电力行业执行环保政策、法规和标准进行监督检查。

（6）根据市场情况，向政府价格主管部门提出调整电价建议；监督检查有关电价；监管各项辅助服务收费标准。

（7）依法对电力市场、电力企业违法、违规行为进行调查，处理电力市场纠纷。

（8）负责监督电力社会普遍服务政策的实施，研究提出调整电力社会普遍服务政策的建议；负责电力市场统计和信息发布。

（9）按照国务院的部署，组织实施电力体制改革方案，提出深化改革的建议。

（10）承办国务院交办的其他事项。

三、电力企业

电力企业是指从事电力生产和销售的经济组织，是电力建设企业、电网经营企业、电力生产企业、供电企业的统称。按照《中华人民共和国公司法》（简称《公司法》）组建了有限公司和股份公司。按照《中华人民共和国全民所有制工业企业法》（简称《全民所有制工业企业法》）设立了企业法人。政企分开之后，电网经营企业和供电企业移交了电力行政管理职能，不再行使政府管电职能。

【练习4】单选·（　）是电力行业的最高管理部门。

A. 国务院　　B. 电监会

C. 国家电力监管委员会　　D. 电力企业

【练习5】单选·（　）是行使行政执法职能，依照法律法规统一履行全国电力监督职责的机构。

A. 国务院　　B. 电监会

C. 电力企业　　D. 国家电力监管委员会

【练习6】单选·（　）从事电力生产和销售的经济组织，是电力建设企业、电网经营企业、电力生产企业、供电企业的统称。

A. 国家电力监管委员会　　B. 电力企业

C. 国务院　　D. 电监会

【练习7】多选·电力法律关系中主要的主体包括（　）。

A. 电力管理部门　　B. 国家电力监管委员会

C. 电力企业和电力用户　　D. 电监会

第三节　电力营销涉及的主要法律法规

一、合同法

1．合同法概述

《中华人民共和国合同法》已由中华人民共和国第九届全国人民代表大会第二次会议于1999年3月15日通过，自1999年10月1日起施行。属于基本法的范畴。在电力营销工作中，与工作密切相关的部分主要涉及的是第十章分则中供用电、水、气、热力合同部分的内容。

第十章　供用电、水、气、热力合同

第一百七十六条　供用电合同是供电人向用电人供电，用电人支付电费的合同。

第一百七十七条　供用电合同的内容包括供电的方式、质量、时间，用电容量、地址、性质，计量方式，电价、电费的结算方式，供用电设施的维护责任等条款。

第一百七十八条　供用电合同的履行地点，按照当事人约定；当事人没有约定或者约定不明确的，供电设施的产权分界处为履行地点。

第一百七十九条　供电人应当按照国家规定的供电质量标准和约定安全供电。供电人未按照国家规定的供电质量标准和约定安全供电，造成用电人损失的，应当承担损害赔偿责任。

第一百八十条　供电人因供电设施计划检修、临时检修、依法限电或者用电人违法用电等原因，需要中断供电时，应当按照国家有关规定事先通知用电人。未事先通知用电人中断供电，造成用电人损失的，应当承担损害赔偿责任。

第一百八十一条　因自然灾害等原因断电，供电人应当按照国家有关规定及时抢修。未及时抢修，造成用电人损失的，应当承担损害赔偿责任。

第一百八十二条　用电人应当按照国家有关规定和当事人的约定及时交付电费。用电人逾期不交付电费的，应当按照约定支付违约金。经催告用电人在合理期限内仍不交付电费和违约金的，供电人可以按照国家规定的程序中止供电。

第一百八十三条　用电人应当按照国家有关规定和当事人的约定安全用电。用电人未按照国家有关规定和当事人的约定安全用电，造成供电人损失的，应当承担损害赔偿责任。

第一百八十四条　供用水、供用气、供用热力合同，参照供用电合同的有关规定。

2．供用电合同的法律特征

（1）合同标的是电力。电力是一种特殊的、无形的物质，不能用其他东西代替履行。作为一种特殊的能源，其产生、供应和使用都是同时进行的，形成一个统一的不可分割的过程。

（2）供用电合同是一种具有相对长期、稳定的合同。供用电双方一般都订立长期合同。其履行方式表现为一种持续状态，双方当事人权利、义务比较稳定。电力在现代社会已成为都需要的能源，所以供用电合同签订后除非有特殊原因，一般不会变更、解除或终止合同。

（3）供用电合同多是格式合同。电力供应方一般都提供合同的具体内容，而用电方一般处于相对从属的地位。

（4）供用电合同是双务诺成合同。电力供应合同中，由供电方主要承担供电义务，由用电方主要承担支付价款义务，是双务合同。尽管供电方在供用电合同中处于主导地位，但合同一经成立，就必须按照国家的规定和合同的约定供应电力，不得滥用自己手中的职权或垄断权。

3．供用电合同的分类

供用电合同应根据供电方式、用电容量等因素实行分级分类管理。

（1）按电压、容量分类。

一类合同：供电电压在110千伏及以上用户、用电容量10000千伏安及以上用户、趸购转售电能用户的供用电合同。

二类合同：用电容量在1000千伏安及以上，10000千伏安以下用户和有特殊供电要求用户的供用电合同。

三类合同：用电容量在1000千伏安以下高压供电用户的供用电合同。

四类合同：10千瓦及以上低压供电用户的供用电合同。

五类合同：10千瓦以下低压供电用户的供用电合同。

（2）按用户特点分类。

高压供用电合同：适用于供电电压为10/6千伏及以上的高压电力用户。

低压供用电合同：适用于供电电压为380/220伏低压普通电力用户。

临时供用电合同：适用于短时、非永久性用电的用户。

趸购电合同：适用于以向供电公司趸购电力，再转售给用户购电的情况。

委托转供电协议：适用于公用供电设施未到达地区，供电方委托有供电能力的用户（转供电方）向第三方（被转供方）供电的情况。这是在供电方分别与转供电方和被转供电方签订供用电合同的基础上，三方共同就转供电有关事宜签订的协议。

居民供用电合同：适用于居民用户。

4．供用电合同的主要条款

（1）供电方式、供电质量和供电时间。

（2）用电容量和用电地址、用电性质。

（3）计量方式和电价、电费结算方式。

（4）供用电设施维护责任的划分。

（5）合同的有效期限。

（6）违约责任。

（7）双方共同认为应当约定的其他条款。

5．供用电合同中涉及的法律法规

（1）预收电费。预付电费是供电企业为了有效收回电费，对信誉差的用户所采取的方式，《合同法》182 条，《电力供应与使用条例》第 27 条，《供电营业规则》第 82 条是其适用的法律依据。

（2）用电检查权。根据用电检查管理办法，供电企业可以对用户的用电情况进行检查，并依法对违约用电、窃电等采取处理措施。鉴于规章的效力，有必要将检查的职责范围和处理程序设置在合同中，作为一种供电企业的经济权利。基于供用电合同行使法定的管理活动，用户容易认可，也可以避免与行政职权的交叉，减少越权行政的风险。

（3）产权。司法实践中，电力人身损害案件往往是以产权为基础来划分责任的，因此供用电合同中产权条款对于双方责任的划分尤为重要。

1）供电设施与受电设施产权分界在《合同法》中规定：**第一百七十八条**　供用电合同的履行地点，按照当事人约定；当事人没有约定或者约定不明确的，供电设施的产权分界处为履行地点。

2）供电设施与受电设施产权分界在《物业管理条例》中规定：**第五十二条**　供水、供电、供气、供热、通信、有线电视等单位，应当依法承担物业管理区域内相关管线和设施设备维修、养护的责任。

前款规定的单位因维修、养护等需要，临时占用、挖掘道路、场地的，应当及时恢复原状。

本条款中涉及供电企业依法承担物业管理区域内维修的责任，其中“依法承担”对于供电企业来说就是依据《电力法》《电力设施保护条例》《电力供应与使用条例》所规定的产权分界承担相应的维修责任。

3）供电设施与受电设施产权分界在《供电营业规则》中规定：**第四十七条**　供电设施的运行维护管理范围，按产权归属确定。责任分界点按下列各项确定：公用低压线路供电的，以供电接户线用户端最后支持物为分界点，支持物属供电企业；10 千伏及以下公用高压线路供电的，以用户厂界外或配电室前的第一断路器或第一支持物为分界点，第一断路器或第一支持物属供电企业；35 千伏及以上公用高压线路供电时，以用户厂界外或用户变电站外第一基电杆为分界点，第一基电杆属供电企业；采用电缆供电的，本着便于维护管理的原则，分界点由供电企业与用户协商确定；产权属于用户且由用户运行维护的线路，以公用线路分支杆或专用线路接引的公用变电站外第一基电杆为分界点，专用线路第一基电杆属用户。

第五十一条 在供电设施上发生事故引起的法律责任，按供电设施产权归属确定。产权归属于谁，谁就承担其拥有的供电设施上发生事故引起的法律责任。但产权所有者不承担受害者违反安全或其他规章制度，擅自进入供电设施非安全区域内而发生事故引起的法律责任，以及在委托维护的供电设施上，因代理方维护不当所发生事故引起的法律责任。

各地区电业部门应根据上述原则明确维护界限。已有线路与上述原则不符合时，应尽可能调整，目前不能调整的，要明确维护范围，以后逐步进行调整。

【练习 8】单选 ·（ ）是一种特殊的、无形的物质，不能用其他东西代替履行。

A. 电力　　B. 水　　C. 天然气　　D. 合同

【练习 9】单选 · 供用电合同多是（ ）合同。

A. 从属　　B. 格式　　C. 平等　　D. 商议

【练习 10】多选 · 供用电合同应根据（ ）、（ ）等因素实行分级分类管理。

A. 供电方　　B. 供电方式　　C. 用电容量　　D. 用电方式

【练习 11】简答 · 供电设施与受电设施产权分界在《供电营业规则》中是如何规定的?

二、电力供应与使用条例

1. 电力供应与使用条例概述

为了加强电力供应与使用的管理，保障供电、用电双方的合法权益，维护供电、用电秩序，安全、经济、合理地供电和用电，根据《中华人民共和国电力法》而制定的《电力供应与使用条例》。于 1996 年 4 月 17 日国务院令第 196 号发布，自 1996 年 9 月 1 日起实施。该条例属于电力行政法规的范畴。内容包括：总则、营业区、供电设施、电力供应、电力使用、供电合同、监督与管理、法律责任、附则。

2. 与客户服务相关条款摘要

第十四条 公用路灯由乡、民族乡、镇人民政府或者县级以上地方人民政府有关部门负责建设，并负责运行维护和交付电费，也可以委托供电企业代为有偿设计、施工和维护管理。

第十六条 供电企业和用户对供电设施、受电设施进行建设和维护时，作业区域内的有关单位和个人应当给予协助，提供方便；因作业对建筑物或者农作物造成损坏的，应当依照有关法律、行政法规的规定负责修复或者给予合理的补偿。

第十七条 公用供电设施建成投产后，由供电单位统一维护管理。经电力管理部门批准，供电企业可以使用、改造、扩建该供电设施。共用供电设施的维护管理，由产权单位协商确定，产权单位可自行维护管理，也可以委托供电企业维护管理。

用户专用的供电设施建成投产后，由用户维护管理或者委托供电企业维护管理。

第十八条 因建设需要，必须对已建成的供电设施进行迁移、改造或者采取防护措施时，建设单位应当事先与该供电设施管理单位协商，所需工程费用由建设单位负担。

第二十八条 除本条例另有规定外，在发电、供电系统正常运行的情况下，供电企业应当连续向用户供电。因故需要停止供电时，应当按照下列要求事先通知用户或者进行公告：

（1）因供电设施计划检修需要停电时，供电企业应当提前 7 天通知用户或者进行公告。

（2）因供电设施临时检修需要停止供电时，供电企业应当提前 24 小时通知重要用户。

（3）因发电、供电系统发生故障需要停电、限电时，供电企业应当按照事先确定的限电序位进行停电或者限电。引起停电或者限电的原因消除后，供电企业应当尽快恢复供电。

第三十条 用户不得有下列危害供电、用电安全，扰乱正常供电、用电秩序的行为：

（1）擅自改变用电类别。

（2）擅自超过合同约定的容量用电。

（3）擅自超过计划分配的用电指标的。

（4）擅自使用已经在供电企业办理暂停使用手续的电力设备，或者擅自启用已经被供电企业查封的电力设备。

（5）擅自迁移、更动或者擅自操作供电企业的用电计量装置、电力负荷控制装置、供电设施以及约定由供电企业调度的用户受电设备。

（6）未经供电企业许可，擅自引入、供出电源或者将自备电源擅自并网。

第四十三条 因电力运行事故给用户或者第三人造成损害的，供电企业应当依法承担赔偿责任。

因用户或者第三人的过错给供电企业或者其他用户造成损害的，该用户或者第三人应当依法承担赔偿责任。

三、电力设施保护条例

1. 电力设施保护条例概述

《电力设施保护条例》由中华人民共和国国务院于 1998 年 1 月 7 日发布，自发布之日起施行。《电力设施保护条例》全文共六章三十二条，是供电企业开展电力基础建设、加强电力设施保护、规范供用电管理、维护供用电秩序等工作的重要法律法规。条例属于电力行政法规的范畴。

根据《电力设施保护条例》第三十一条规定制定。由中华人民共和国国家经济贸易委员会、中华人民共和国公安部于1999年3月18日颁布《电力设施保护条例实施细则》共计二十二条。内容包括：总则、电力设施的保护范围和保护区、电力设施的保护、对电力设施与其他设施互相妨碍的处理、奖励与惩罚、附则。

2．电力设施保护条例与其他法律的关系

（1）受到《中华人民共和国宪法》(简法《宪法》)的保护。电力设施作为重要的生产资料，受到《宪法》的保护。

（2）受到民事法律的保护。电力设施作为不动产设施，在建设、运行和维护状态下，必然与相关各方发生联系。如农村常见的在电力线路附近挖沙取土，最后使杆塔成为一座孤岛，随时有倒杆断线的危险。电力设施的所有人可以依据《民法通则》第八十三条的规定，请求法院判处侵权者停止侵害，排除妨碍，对沙坑进行回填。对造成倒杆等运行事故的，还可以要求对方赔偿损失。

（3）受到《电力法》的特别保护。《电力法》对电力设施的保护主要是以行政法律手段为主，辅助以民事、刑事和其他的法律手段。《电力法》对电力设施的特别保护不仅体现在对电力设施范围的扩大和延伸，更主要的是对尚未造成电力设施实际损害，但可能危及电力设施安全运行的行为作出了规定。

（4）受到《刑法》的保护。因为危害电力设施行为的后果实质上是危害了社会公共安全，所以《刑法》对破坏电力设备的行为给予严厉惩处，最高可以判处死刑。目前，许多盗窃电力设施的犯罪嫌疑人都误认为偷盗电力设施上的器材或部件只是一种盗窃行为，没有意识到会造成严重的后果和将要承担刑事责任，这也是盗窃电力设施犯罪居高不下的原因，因此，电力企业需要加强法律的宣传力度。

（5）受到《中华人民共和国治安管理处罚法》(简称《治安管理处罚法》)的保护。对于大量的危害和危及电力设施安全、但又不够追究刑事责任的行为，即可按照该法的规定由公安机关进行处罚。

（6）受到其他行业和部门法的保护。如《中华人民共和国建筑法》(简称《建筑法》)、《中华人民共和国城市规划法》(简称《城市规划法》)、《中华人民共和国公路法》(简称《公路法》)和《中华人民共和国消防法》(简称《消防法》)中都有关于对电力设施保护的规定。特别是在处理电力设施与其他设施的关系时，需要注意其他法律中有关涉及电力设施的规定，特别要注意与电力法规相冲突的规定。

（7）受到地方各级人大和政府颁布的地方性法规、规章的保护。如各地方政府颁布的电力设施保护管理办法。各地方政府颁布的地方性法规内容比较具体和完善，可操作性更强。如在《电力设施保护条例》中对防护区以外的超高树木的砍伐问题没有规定，在一些地方性的电力设施保护管理办法中作出了具体规定。

其他省市所在的电力企业虽然不能直接引用，但可以借鉴类推，从法理上进行论述，扩充自己维权的途径。

（8）受到最高人民法院和最高人民检察院司法解释的保护。如最高人民检察院《关于破坏电力设备罪几个问题的批复》等司法解释的规定，旨在打击盗窃、破坏电力设施违法犯罪行为，有效加强对电力设施的保护。

3．电力设施保护范围和保护区

电力设施的保护范围划分为两大类：一类是发电厂、变电所（站）设施划定为保护范围；第二类是电力线路设施划定为保护范围。

（1）发电厂、变电所（站）设施保护范围。《电力设施保护条例》第八条 发电厂、变电所设施的保护范围：发电厂、变电所（站）、换流站、开关站等厂、站内的设施；发电厂、变电所（站）外各种专用的管道（沟）、储灰场、水井、泵站、冷却水塔、油库、堤坝、铁路、道路、桥梁、码头、燃料装卸设施、避雷装置、消防设施及其有关辅助设施；水力发电厂使用的水库、大坝、取水口、引水隧洞（含支洞口）、引水渠道、调压井（塔）、露天高压管道、厂房、尾水渠、厂房与大坝间的通信设施及附属设施。

（2）电力线路设施保护范围。《电力设施保护条例》第九条 电力线路设施的保护范围：

架空电力线路：杆塔、基础、拉线、接地装置、导线、避雷线、金具、绝缘子、登杆塔的爬梯和脚钉，导线跨越航道的保护设施，巡（保）线站，巡视检修专用道路、船舶和桥梁，标志牌及附属设施；电力电缆线路：架空、地下、水底电力电缆和电缆连接装置，电缆管道、电缆隧道、电缆沟、电缆桥，电缆井、盖板、人孔、标石、水线标志牌及附属设施。

（3）电力线路上的变压器、电容器、断路器、刀闸（隔离开关）、避雷器、互感器、熔断、计量仪表装置、配电室、箱式变电站及附属设施。

（4）电力线路保护区。电力线路保护区分为架空电力线路保护区和电力电缆线路保护区，电力线路保护区参照《电力设施保护条例》第十条和《电力设施保护条例实施细则》第五条执行。

《电力设施保护条例》第十条 电力线路保护区：

架空电力线路保护区：导线边线向外侧水平延伸并垂直于地面所形成的两平行面内的区域，在一般地区各级电压导线的边线延伸距离如下：1 ~ 10 千伏 5 米；35 ~ 110 千伏 10 米；154 ~ 330 千伏 15 米；500 千伏 20 米。在厂矿、城镇等人口密集地区，架空电力线路保护区的区域可略小于上述规定。在厂矿、城镇、集镇、村庄等人口密集地区，架空电力线路保护区为导线边线在最大计算风偏后的水平距离和风偏后距建筑物的水平安全距离之和。

电力电缆线路保护区：地下电缆为电缆线路地面标桩两侧各 0.75 米所形成的两平行线内的区域；海底电缆一般为线路两侧各 2 海里（港内为两侧各 100 米）；江河电缆敷设于二级及以上航道的为线路两侧各 100 米，敷设于三级以下航道的为线路两侧各 50 米所形成的两平行线内的水域。

《电力设施保护条例实施细则》第五条 各级电压导线边线在计算导线最大风偏情况下，距建筑物的水平安全距离为：1 千伏以上，安全距离为 1.0 米；1 ~ 10 千伏，安全距离为 1.5 米；35 千伏，安全距离为 3.0 米；66 ~ 110 千伏，安全距离为 4.0 米；154 ~ 220 千伏，安全距离为 5.0 米；330 千伏，安全距离为 6.0 米；500 千伏，安全距离为 8.5 米。

4．与客户服务相关条款摘要

第十二条 任何单位或个人在电力设施周围进行爆破作业，必须按照国家有关规定，确保电力设施的安全。

第十三条 任何单位或个人不得从事下列危害发电厂、变电所设施的行为：

（1）闯入厂、所内扰乱生产和工作秩序，移动、损害标志物。

（2）危及输水、排灰管道（沟）的安全运行。

（3）影响专用铁路、公路、桥梁、码头的使用。

（4）在用于水力发电的水库内，进入距水工建筑物三百米区域内炸鱼、捕鱼、游泳、划船及其他危及水工建筑物安全的行为。

第十四条 任何单位或个人，不得从事下列危害电力线路设施的行为：

（1）向电力线路设施射击。

（2）向导线抛掷物体。

（3）在架空电力线路导线两侧各三百米的区域内放风筝。

（4）擅自在导线上接用电器设备。

（5）擅自攀登杆塔或在杆塔上架设电力线、通信线、广播线，安装广播扬声器。

（6）利用杆塔、拉线作起重牵引地锚。

（7）在杆塔、拉线上拴牲畜、悬挂物体、攀附农作物。

（8）在杆塔、拉线基础的规定范围内取土、打桩、钻探、开挖或倾倒酸、碱、盐及其他有害化学物品。

（9）在杆塔内（不含杆塔与杆塔之间）或杆塔与拉线之间修筑道路。

（10）拆卸杆塔或拉线上的器材，移动、损坏永久性标志或标志牌。

第十五条 任何单位或个人在架空电力线路保护区内，必须遵守下列规定：

（1）不得堆放谷物、草料、垃圾、矿渣、易燃物、易爆物及其他影响安全供电的物品。

（2）不得烧窑、烧荒。

（3）不得兴建建筑物。

（4）不得种植竹子。

（5）经当地电力主管部门同意，可以保留或种植自然生长最终高度与导线之间符合安全距离的树木。

第十六条 任何单位或个人在电力电缆线路保护区内，必须遵守下列规定：

（1）不得在地下电缆保护区内堆放垃圾、矿渣、易燃物、易爆物，倾倒酸、碱、盐及其他有害化学物品，兴建建筑物或种植树木、竹子。

（2）不得在海底电缆保护区内抛锚、拖锚。

（3）不得在江河电缆保护区内抛锚、拖锚、炸鱼、挖沙。

第十七条 任何单位或个人必须经县级以上地方电力主管部门批准，并采取安全措施后，方可进行下列作业或活动：

（1）在架空电力线路保护区内进行农田水利基本建设工程及打桩、钻探、开挖等作业。

（2）起重机械的任何部位进入架空电力线路保护区进行施工。

（3）小于导线距穿越物体之间的安全距离，通过架空电力线路保护区。

（4）在电力电缆线路保护区内进行作业。

第十八条 任何单位或个人不得从事下列危害电力设施建设的行为：

（1）非法侵占电力设施建设项目依法征用的土地。

（2）涂改、移动、损害、拔除电力设施建设的测量标桩和标记。

（3）破坏、封堵施工道路，截断施工水源或电源。

第二十二条 新建架空电力线路不得跨越储存易燃、易爆物品仓库的区域；一般不得跨越房屋，特殊情况需要跨越房屋时，电力主管部门应采取安全措施，并按照本条例第二十三条的规定与有关主管部门达成协议。

第二十三条 公用工程、城市绿化和其他设施与发电厂、变电所和电力线路设施及其附属设施，在新建、改建或扩建中相互妨碍时，双方主管部门必须按照本条例和国家有关规定协商，达成协议后方可施工。

第二十五条 新建、改建或扩建发电厂、变电所和电力线路设施及其附属设施，按照本条例第二十三条的规定与有关主管部门达成协议后，需要损害农作物，砍伐树木、竹子或拆迁建筑物及其他设施，电力主管部门应按照国家有关规定给予一次性补偿。

【练习 12】单选·1～10 千伏架空电力线路导线的边线延伸距离为（ ）米。

A. 5 B. 4 C. 3 D. 2

四、供电营业规则

1．供用电营业规则概述

为加强供电营业管理，建立正常的供电营业秩序，保障供用双方的合法权益，根据《电力供应与使用条例》和国家有关规定，制定《供用电营业规则》，属于规章范畴。该规章的公布实施，与电力法及电力行政法规相配套，极大地增强了电力法律法规的可操作性，推动了电力法律法规的有效实施。内容包括：总则、供电方式、新装、增容与变更用电、受电设施建设与维护管理、供电质量与安全供用电、用电计量与电费计收、并网电厂、供用电合同与违约责任、窃电的制止与处理、附则。

2．与客户服务相关条款摘要

第五十条 因建设引起建筑物、构筑物与供电设施相互妨碍，需要迁移供电设施或采取防护措施时，应按建设先后的原则，确定其担负的责任。如供电设施建设在先，建筑物、构筑物建设在后，由后续建设单位负担供电设施迁移、防护所需的费用；如建筑物、构筑物的建设在先，供电设施建设在后，由供电设施建设单位负担建筑物、构筑物的迁移所需的费用；不能确定建设的先后者，由双方协商解决。

第六十六条 在发供电系统正常情况下，供电企业应连续向用户供应电力。但是，有下列情形之一的，须经批准方可中止供电：

（1）对危害供用电安全，扰乱供用电秩序，拒绝检查者。

（2）拖欠电费经通知催交仍不交者。

（3）受电装置经检验不合格，在指定期间未改善者。

（4）用户注入电网的谐波电流超过标准，以及冲击负荷、非对称负荷。

（5）等对电能质量产生干扰与妨碍，在规定限期内不采取措施者。

（6）拒不在限期内拆除私增用电容量者。

（7）拒不在限期内交付违约用电引起的费用者。

（8）违反安全用电、计划用电有关规定，拒不改正者。

（9）私自向外转供电力者。

有下列情形之一的，不经批准即可中止供电，但事后应报告本单位负责人：

（1）不可抗力和紧急避险。

（2）确有窃电行为。

第六十七条 除因故中止供电外，供电企业需对用户停止供电时，应按下列程序办理停电手续。

应将停电的用户、原因、时间报本单位负责人批准。批准权限和程序由省电网经营企业制定。

在停电前三至七天内，将停电通知书送达用户，对重要用户的停电，应将停电通知书报送同级电力管理部门。

在停电前30分钟，将停电时间再通知用户一次，方可在通知规定时间实施停电。

第六十八条 因故需要中止供电时，供电企业应按下列要求事先通知用户或进行公告：

因供电设施计划检修需要停电时，应提前七天通知用户或进行公告。

因供电设施临时检修需要停止供电时，应当提前24小时通知重要用户或进行公告。

发供电系统发生故障需要停电、限电或者计划限、停电时，供电企业应按确定的限电序位进行停电或限电。但限电序位应事前公告用户。

第七十四条　用电计量装置原则上应装在供电设施的产权分界处。如产权分界处不适宜装表的，对专线供电的高压用户，可在供电变压器出口装表计量；对公用线路供电的高压用户，可在用户受电装置的低压侧计量。当用电计量装置不安装在产权分界处时，线路与变压器损耗的有功与无功电量均须由产权所有者负担。在计算用户基本电费（按最大需量计收时）、电度电费及功率因数调整电费时，应将上述损耗电量计算在内。

第七十七条　计费电能表装设后，用户应妥为保护，不应在表前堆放影响抄表或计量准确及安全的物品。如发生计费电能表丢失、损坏或过负荷烧坏等情况，用户应及时告知供电企业，以便供电企业采取措施。如因供电企业责任或不可抗力致使计费电能表出现或发生故障的，供电企业应负责换表，不收费用；其他原因引起的，用户应负担赔偿费或修理费。

【练习13】单选·因建设引起建筑物、构筑物与供电设施相互妨碍，需要迁移供电设施或采取防护措施时，应按（　）的原则，确定其担负的责任。

A. 谁建谁负责　B. 建设先后　C. 供电公司负责　D. 有需求者负责

【练习14】单选·因供电设施计划检修需要停电时，应提前（　）天通知用户或进行公告。

A. 3　B. 5　C. 7　D. 9

【练习15】单选·因供电设施临时检修需要停止供电时，应当提前（　）通知重要用户或进行公告。

A. 7个工作日　B. 7天　C. 24小时　D. 1天

【练习16】单选·用电计量装置原则上应装在供电设施的（　）处。

A. 产权分界　B. 低压侧　C. 高压侧　D. 与用户协商

【练习17】多选·发供电系统正常情况下，供电企业应连续向用户供应电力。有下列情形之一的，不经批准即可中止供电，但事后应报告本单位负责人（　）。

A. 不可抗力和紧急避险　B. 拖欠电费经通知催交仍不交者

C. 拒不在限期内拆除私增用电容量者　D. 确有窃电行为

【练习18】多选·除因故中止供电外，供电企业需对用户停止供电时，应按下列程序办理停电手续（　）。

A. 应将停电的用户、原因、时间报本单位负责人批准。批准权限和程序由省电网经营企业制定

B. 在停电前三至七天内，将停电通知书送达用户，对重要用户的停电，应将停电通知书报送同级电力管理部门

C. 在停电前 15 分钟，将停电时间再通知用户一次，方可在通知规定时间实施停电

D. 在停电前 30 分钟，将停电时间再通知用户一次，方可在通知规定时间实施停电

【练习 19】多选 ·（　）、（　）或者计划限、停电时，供电企业应按确定的限电序位进行停电或限电。但限电序位应事前公告用户。

A. 欠费停电　　B. 拖欠电费经通知催交仍不交者

C. 停电　　D. 限电

【练习 20】简答题 · 计费电能表装设后，用户应妥为保护，关于计费电能表丢失、损坏等情况，《供电营业规则》第七十七条如何规定?

本章内容依据文件：《电力法》《供电营业规则》《电力供应与使用条例》《电力设施保护条例》《电网调度管理条例》《电力监管条例》《电力安全事故应急处置和调查处理条例》《合同法》。

学习笔记

第七章

电力系统基础

第七章知识点详解

知识背景

电力工业属于能源工业。能源分为一次能源和二次能源：直接从自然界取得的能源称为一次能源，如煤、石油、水能、天然气等；二次能源是一次能源经过加工、转变后得到的产品，电能就是最优质的二次能源。电能的生产、输送和使用直接影响到国家的经济建设，所以电力系统可靠运行至关重要。

教学目标

（1）了解发、输、变、配、用电力系统的基本环节。
（2）了解变配电设施的相关介绍。
（3）了解输配电线路的相关介绍。

第一节 电力系统概述

一、供电企业的主要工作环节

供电企业的工作主要分生产和营销两大环节，其中，生产环节主要包括输电、变电、配电的工作，把电能从发电厂运送到客户端；营销环节主要包括计量、抄表、核算发行、收费的工作，在客户端安装计量装置，抄录数据，核算电费并发行，通过线上、线下各个渠道收取电费。

【练习1】思考题·我们目前常见的缴纳电费的方式有哪些?

二、电力系统的概念及特点

1. 电力系统的概念

电力系统是由发电、输电、变电、配电和用电等环节组成的电能生产与消费系统，功能是将自然界的一次能源通过发电动力装置转化成电能，再经输电、变电和配电将电能供应到各用户。

2. 发电的方式

电力生产就是将某种形式的自然能转变成电能的过程。热力、水力、原子能反应堆等均可为发电机提供动力，使原始能量转换为电能。常见的发电方式有火力发电、水力发电、风力发电、核能发电、太阳能发电等，每一种发电方式的优缺点可以从建设及生产成本、地域限制、稳定性及清洁度四个方面进行区分。

3. 升压及降压的过程

发电厂发出的电先由升压变电站的变压器升高电压后，经输电线路送往用电地区；到达用电地区后，由降压变电站的变压器降低电压，再经配电线路分送到客户。

升压在发电厂发电后，输电前，将电压升高。

降压是根据电能供给的情况逐步降低电压等级，以便客户使用。

【练习2】思考题·发电厂发电后为什么要先升压再输电?

三、电压等级

1. 高压与低压的区分

高压：1 千伏及以上的电压等级。

低压：1 千伏以下的电压等级。

按照国家标准，根据电压等级的不同把电网分为高压网及低压网两大类，国家电网有限公司规范文件中，把 1 千伏以上至 20 千伏的电压等级称为中压。

【知识延伸】

直流电：直流电又称“恒流电”，恒定电流是直流电的一种，是大小和方向都不变的直流电，它是由爱迪生发现的。

交流电：交流电是指电流方向随时间作周期性变化的电流。

2. 电压等级归属

一般情况下 380 伏 /220 伏属于用电环节的电压等级、10 千伏 /20 千伏属于配电环节的电压等级、35 千伏及以上属于输电环节的电压等级。

四、变电站及相关线路

500 千伏变电站是指最高电压等级为 500 千伏的变电站，其输入电能和输出电能的电压分一般为 500 千伏和 220 千伏。

220 千伏变电站是指最高电压等级为 220 千伏的变电站，在远距离输电的过程中起到降压的作用。

110 千伏变电站是指最高电压等级为 110 千伏的变电站，在远距离输电的过程中起到降压的作用。

35 千伏变电站是指最高电压等级为 35 千伏的变电站，在远距离输电的过程中起到降压的作用，一般情况下作为输电的最后一个环节，将电压降至 10 千伏或 20 千伏，分配电能。

接户线：从低压配电主线路引至建筑物墙外第一支持物（墙头铁板）的这段线路。

进户线：自建筑物外第一支持物（墙头铁板）至计费电能表（表箱）的线路。

五、常见线路分类

根据杆上电线数量初步判断线路电压等级：1. 水泥杆上两根线—220 伏；2. 水泥杆上四根线—380 伏；3. 水泥杆上三根线—10 千伏；4. 水泥杆上六根线—10 千伏。

第二节　变配电设施介绍

一、变压器

1. 变压器的分类

（1）按用途可分为：电力变压器、调压变压器、仪用变压器、矿用变压器、试验用变压器及特殊变压器。

（2）按电源相数可分为：单相变压器和三相变压器。

（3）按容量大小可分为：小型变压器 630 千伏安以下、中型变压器 800 ~ 6300 千伏安、大型变压器 8000 ~ 63000 千伏安、特大型变压器 90000 千伏安及以上。

（4）按安装位置可分为：柱上变压器、落地式变压器等。

2. 变压器实物介绍

图 7–1 中变压器为 10 千伏油浸式变压器，一次侧有三根大接线柱，分别连接 A/B/C 三相，二次侧有四个小的接线柱，变压后连接 a/b/c 三相及零线。

图 7–1　油浸式变压器

二、10 千伏柱上变压器

1. 10 千伏柱上变压器介绍

10 千伏配电线路经经由架空线路分配至客户附近，三根相线进入变压器一次侧，由二次侧引出 0.4 千伏三根相线，自中性点引出零线，形成 0.4 千伏供电线路，供给客户使用（见图 7–2）。

图 7–2　10 千伏柱上变压器

2. 10 千伏柱上变压器常见故障

10 千伏柱上变压器常见故障包括：变压器着火、变压器漏油、变压器冒烟等。

三、10 千伏箱式变电站

10 千伏箱式变电站的作用和 10 千伏柱上变压器的作用相同，三根相线进入变压器一次侧，由二次侧引出 0.4 千伏三根相线，自中性点引出零线，形成 0.4 千伏供电线路，供给客户使用，但是整体是封闭的，更加美观安全（见图 7-3）。

图 7-3　10 千伏箱式变电站

四、配电柜

配电柜是配电系统的末级设备（见图 7-4），一般使用在符合比较分散、回路较少的场合，他们把上一级配电设备某一电路的电能分配给就近的负荷，同时对符合提供保护、监视和控制作用。

图 7-4　配电柜

第三节　输配电线路介绍

一、输配电线路的定义及分类

一般 10、20 千伏线路称为配电线路，35 千伏及以上线路称为输电线路。

输配电线路从结构来分，可分为架空线路和电缆线路：

架空线路：将导线通过杆塔露天架设。

电缆线路：埋下地下的电缆沟或管道中。

二、架空线路与地缆线路的优缺点

从建设、使用、维护三个方面进行区分。具体内容为：

（1）架空线路建设费用要低很多，便于架设、维护管理，但是长期置于大自然环境中，遭受各种气象条件的侵蚀，出现故障的概率较高。

（2）电缆线路占地少，受外界影响小，稳定性高，但是建设费用高。

（3）现在随着城市的建设与改造，城区内架空线路逐渐减少，电缆线路增多。但发生故障后，电缆线路的修复时间相对会更长一些。

三、电力线路与通信线路的区别

1. 线路同杆架设的原则

（1）电力线路与通信线路同杆架设：电力线路在上面，通信线路在下面。

（2）不同电压等级电力线路同杆架设：高电压等级在上面，低电压等级在下面。

（3）相同电压等级电力线路同杆架设：在同一平面架设。

2. 电力线路与通信线路的区分

经常接到客户反映电线耷落的情况，需要客服专员初步判断线路的归属，确定后续处理及派单情况，区分在于根据线路的形态特点进行判定，人口密集地区，电力线路一般情况下是4根电线以内且平行架设不相交，而通信线路一般情况下是多根电线，多数情况下会相交捆在一起（见图7-5）。

图7-5　电力线路与通信线路的架设情况

四、架空线路常见元件组成

架空线路一般是由导线、杆塔、横担、绝缘子、避雷线、金具等主要原件组成。

导线： 导线是线路的主要组成部分，用以传输电能。目前较多使用的有钢芯铝绞线、钢芯铝合金绞线、纯铝线、铝合金线及铜线。

杆塔： 杆塔作用是支承导线、避雷线及其附件，并使导线、避雷线对地面或其他建筑物之间保持一定的安全距离。杆塔主要包括木杆、水泥、钢管塔、铁塔。

横担： 横担定位在电杆上，用以支持绝缘子、导线、跌开式熔断器、隔离开关、避雷器等设备的，并使导线间、设备间有规定的距离。横担使用较多的是角钢横担、瓷横担。

绝缘子： 用来支承或悬吊导线并使导线与杆塔绝缘的物体。根据材质不同主要包括瓷质绝缘子、玻璃绝缘子、硅橡胶绝缘子。

拉线： 拉线的作用是用来加强电杆的强度和稳定性，平衡电杆各方向受到的作用力。

驱鸟器： 驱鸟器是为防止鸟类活动引起输电线路故障，保障电网输电线路的安全、稳定运行的重要器具。

地下电缆：地下电缆一般分为单芯电缆和三芯电缆两种，单芯电缆一般情况下由导体线芯、内半导电屏蔽、绝缘层、外半导电屏蔽、金属屏蔽、内护层、钢丝铠装、外护层组成，三芯电缆一般情况下由导体线芯、内半导电屏蔽、绝缘层、外半导电屏蔽、金属屏蔽、内护层、钢丝铠装、外护层、填充料、金属铠装组成。

跌落式开关：控制、保护配变；形成设备与电源间的明显断开点；作为客户电源进线开关，简称“跌开”，俗称“鸭嘴、吊死鬼”“令克”等。常见故障：掉一相跌落式熔断器、掉两相跌落式熔断器、掉三相跌落式熔断器。

地线：地线一般分为两种，分别是重复接地线和单户接地线。重复接地线（俗称“接地扁铁”）：是单元的总接地线。它断掉后，会引起三相线路相电压升高至线电压，会引起家电损坏。重复接地线，并不是我们通常说的地线。单户接地线：居民家中另行布置的接地线，属于工作保护类。

【练习 3】思考题·图 7-6 的一组图分别是什么？

图 7-6 ［练习 3］图

学习笔记

第八章

用电业务

第八章知识点详解

知识背景

用电业务是电力部门扩大再生产、不断满足国民经济的发展和人民生活用电需求的重要工作，也是电力部门加强营销管理、提高经济效益、提升服务水平的重要途径。本课题将对业扩报装、变更用电两个模块进行阐述。通过本课题的学习，有助于客服专员了解电力营销的营业工作、服务内容，解决用电业务工作中的相关问题，合理、全面地答复客户提出的问题，提升自身服务水平和服务质量，树立供电企业的良好形象。

教学目标

（1）了解业扩报装定义、分类、流程。

（2）掌握业扩报装各流程所需相关资料和工作时限要求。

（3）掌握变更用电分类及区别。

第一节　业扩报装

一、业扩报装的定义

业扩又称业务扩充，指为客户办理新装、增容业务手续，包括业务受理、现场勘查、确定及答复供电方案、受电工程设计审查、中间检查、竣工检验、签订供用电合同、装表接电和建立客户档案等工作环节。而业扩报装主要指业务扩充申请。

1．新装

新装是指客户因用电需要，首次向供电企业申请报装用电，可以分为正式用电新装（长久使用的用电）和临时用电新装（基建工地、农田水利、市政建设等非永久性用电）。

2．增容

增容指的是用电方在进行生产经营的过程中，因为生产能力需求的扩大，原申请使用的用电容量（通常按照变压器的容量来计算，单位为千伏安）已经不能满足目前的生产经营需要，必须在原有基础上申请增加容量。

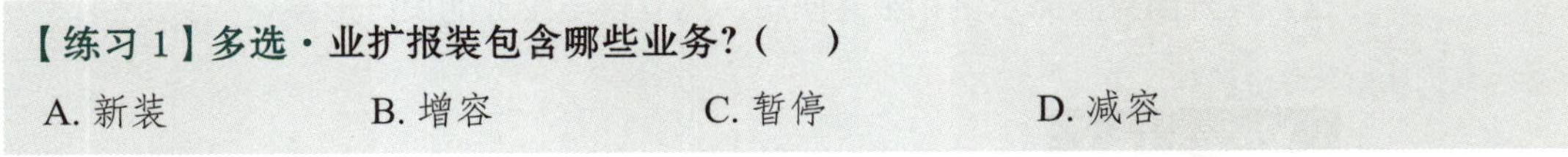
【练习 1】多选 · 业扩报装包含哪些业务？（　）

A. 新装　　B. 增容　　C. 暂停　　D. 减容

二、工作流程及注意事项

新装增容业务主要包括以下环节：受理客户业务；现场勘查；确定供电方案及答复；业务收费；受（送）电工程设计的审核；受（送）电工程的中间检查及竣工验收；签订供用电合同；装表；接电；资料归档。这些环节是报装业务的基本环节，根据业务类别的不同，每项业务类别的具体操作流程各有不同（见图 8–1）。

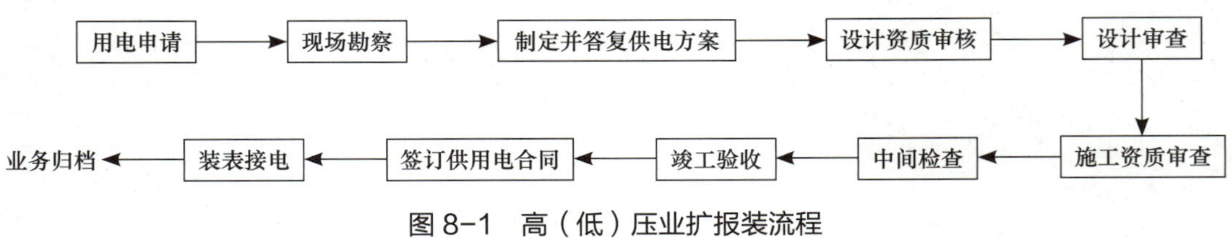

图 8–1　高（低）压业扩报装流程

1．受理用户申请

用户可通过供电营业厅、95598 热线电话、网上营业厅、传真受理。

2．现场勘察

现场勘察是供电方式确定的依据，通过勘察核实客户用电需求、确定客户供电电压等级、初步确定供电电源等。

3．供电方案确定及批复

供电方案包括客户接入方案、客户受电方案、客户计量方案、客户计费方案。“十项承诺”规定，高压客户供电方案答复期限：单电源供电 15 个工作日，双电源供电 30 个工作日。

4．业务收费

业务收费是为保障客户电力供应而实施客户外部工程所需的、由客户交纳的建设费用的收取。

5．受电工程设计审核

6．施工及施工中间检查

7．竣工检验

8．签订供用电合同

9．装表接电

“十项承诺”规定“低压客户平均接电时间：居民客户 5 个工作日，非居民客户 15 个工作日。”“高压客户装表接电期限：受电工程检验合格并办结相关手续后 5 个工作日。”

【练习 2】单选 · 高压客户装表接电期限：受电工程检验合格并办结相关手续后（　）个工作日。

A. 2　　B. 3　　C. 5　　D. 7

【练习 3】单选 · 低压客户平均接电时间：居民客户（　）个工作日，非居民客户（　）个工作日。

A. 5、15　　B. 3、7　　C. 5、7　　D. 5、10

三、获得电力相关时限

供电服务“十项承诺”第 6 条规定“低压客户平均接电时间：居民客户 5 个工作日，非居民客户 15 个工作日。高压客户供电方案答复期限：单电源供电 15 个工作日，双电源供电 30 个工作日。高压客户装表接电期限：受电工程检验合格并办结相关手续后 5 个工作日。”

四、临时用电

1. 定义

临时用电是指非永久性的用电，是供电企业按用电期限分类区别于正式供电的一种供电方式。临时用电属于新装用电，区别是到规定期限就要拆除。

2. 适用对象

《供电营业规则》第十二条规定“对基建工地、农田水利、市政建设等非永久性用电可供给临时电源。”临时用电期限除经供电企业准许外，一般不得超过六个月，逾期不办理延期或永久性正式用电手续的，供电企业应终止供电。使用临时电源的用户不得向外转供电，也不得转让给其他用户供电，供电企业也不受理其变更用电事宜，如需改为正式用电，应按新装用电办理。因抢险救灾需要紧急用电时，供电企业应迅速组织力量，架设临时电源供电。架设临时电源所需的工程费用和应付的电费，由地方人民政府有关部门负责从救灾经费中拨付。如：市政建设的公路、桥梁、水道修建；煤气管道安装与检修；临时打井抗旱、防风排涝；农业的季节性打场、脱粒；临时用电焊、拍摄电影、露天文艺演出、城市庆祝集会、临时交通事故处理、短期小型集贸市场等可以办理临时用电。

3. 临时用电的分类

临时用电按照计量方式可分为装表临时用电和不装表临时用电。装表临时用电、不装表临时用电的申请资料以各省市公司营业厅相关规定为准。《供电营业规则》第七十六条规定：“临时用电的用户，应安装用电计量装置。对不具备安装条件的，可按其用电容量、使用时间、规定的电价计收电费。”《供电营业规则》第八十七条规定：“临时用电用户未装用电计量装置的，供电企业应根据其用电容量，按双方约定的每日使用时数和使用期限预收全部电费。用电终止时，如实际使用时间不足约定期限二分之一的，可退还预收电费的二分之一；超过约定期限二分之一的，预收电费不退；到约定期限时，得终止供电。”

【练习 4】多选·临时用电的用户，应安装用电计量装置。对不具备安装条件的，可按其（　）、（　）、（　）计收电费。

A. 用电容量　　B. 使用时间　　C. 规定的电价　　D. 用电方式

第二节　变更用电

一、变更用电的分类

变更用电包括：减容、暂停、暂换、暂拆、迁址、移表、改压、改类、更名过户、分户、并户、销户。

【思考】您有快速记忆12种变更用电的好方法吗?

二、变更用电的主要流程及注意事项

1. 主要流程

包括用户申请、现场勘察、拟订方案、方案审批、业务收费、竣工验收、计量配表并安装。这些环节是用电变更业务的基本环节，根据业务类别的不同，每项业务类别的具体操作流程各有不同，具体内容见知识库。

2. 办理变更用电注意事项

（1）临时用电的客户不能办理变更用电事宜。

（2）变更用电业务结束后，应变更供用电合同的相关内容。

（3）变更用电前用户必须纠正违章用电、偿清电费和其他债务。

【练习5】多选·用户在办理变更用电前必须（　）。

A. 纠正违章用电　　B. 办理新装

C. 偿清电费和其他债务　　D. 先签订合同

三、减容

1. 定义

减容是指客户在正式用电后，由于生产、经营情况发生变化，考虑到原用电容量过大，不能全部利用，为了减少基本电费的支出或节能的需要，提出减少供用电合同规定的用电容量的一种变更用电业务。

2. 适用对象

减容一般适用于正式用电的高压客户。

3．时限

减容须在五天前向供电企业提出申请，最短期限不得少于六个月，最长期限不得超过二年。

4．减容分类

减容分为永久性减容和非永久性减容。

（1）永久性减容是指供电公司不保留其减少容量的使用权，客户如想恢复容量要重新办理增容手续。（以各省市公司规定为准）

（2）非永久性减容是指在减容期限内，供电公司保留其原有容量的使用权，到期恢复原有容量。

5．减容业务办理原则

（1）减容必须是整台或整组变压器的停止或更换小容量变压器用电。

（2）在减容期限内，供电企业应保留用户减少容量的使用权。

（3）供电企业在受理之日后，根据用户申请减容的日期对设备进行加封。

（4）超过减容期限要求恢复用电时，应按新装或增容手续办理。

（5）减容期满后的用户以及新装、增容用户，二年内不得申办减容或暂停。

【练习 6】单选·减容须提前（　）向供电企业提出申请。

A. 3 天　　B. 5 天　　C. 3 个工作日　　D. 5 个工作日

【练习 7】单选·减容的最短期限不得少于（　），最长期限不得超过（　）。

A. 3 个月、半年　　B. 3 个月、一年

C. 6 个月、二年　　D. 6 个月、一年

【练习 8】单选·减容期满后的用户以及新装、增容用户（　）内不得申办减容或暂停。

A. 3 个月　　B. 半年　　C. 一年　　D. 两年

四、暂停

1．定义

暂停是指客户在正式用电后，由于生产和经营情况发生变化、季节性用电、设备检修等原因，为了节省和减少电费支出，需要短时间内停止使用一部分或全部用电设备容量的一种变更用电业务。

2．适用对象

暂停一般适用于正式用电的高压客户。居民客户及低压非居民客户不办理暂停业务，一般办理暂拆。

3．时限

暂停须在五天前向供电企业提出申请，在每一日历年内暂时停止用电两次，每次不得少于 15 天，一年累计暂停不得超过六个月。季节性用电或国家另有规定的用户，累计暂停时间可以另议。

4．暂停业务办理原则

（1）按变压器容量计收基本电费的用户，暂停用电必须是整台或整组变压器停止运行。

（2）按最大需量计收基本电费的用户，申请暂停用电必须是全部容量（含不通过受电变压器的高压电动机）的暂停，并遵守本条例其他有关规定。

（3）用户连续六个月不用电，也不申请办理暂停用电手续的，供电企业须销户终止其用电。用户需要再用电时，按新装用电办理。

5．电费计算要点

（1）供电企业在受理暂停申请后，根据用户申请暂停的日期对暂停设备加封。从加封之日起，按原计费方式减收其相应容量的基本电费。

（2）暂停期满或每一日历年内累计暂停用电时间超过六个月者，不论用户是否申请恢复用电，供电企业须从期满之日起，按合同约定的容量计收其基本电费。

（3）在暂停期限内，用户申请恢复暂停用电容量用电时，须在预定恢复日前五天向供电企业提出申请。暂停时间少于十五天者，暂停期间基本电费照收。

【练习 9】单选 · 暂停业务在每一日历年内暂时停止用电两次，每次不得少于（　），一年累计暂停不得超过（　）。

A. 15 天、6 个月　　B. 30 天、6 个月

C. 15 天、9 个月　　D. 30 天、9 个月

【练习 10】单选 · 暂停时间少于（　）者，暂停期间基本电费照收。

A. 5 天　　B. 10 天　　C. 15 天　　D. 20 天

【练习 11】单选 · 供电企业在受理暂停申请后，根据用户申请暂停的日期对暂停设备加封。从（　）起，按原计费方式减收其相应容量的基本电费。

A. 加封前一日　　B. 加封之日　　C. 申请后一日　　D. 申请之日

【练习 12】简答题 · 某大工业用户 3 月新装 500 千伏安变压器各 1 台，后因资金不能到位于 6 月向供电部门申请暂停 500 千伏安变压器，供电部门经核查后同意并于 6 月 16 日对其 500 千伏安变压器加封，试求该用户 6 月份基本电费为多少?【假设基本电费为 15 元 /（千伏安 · 月）】

五、暂换

1. 定义

暂换指客户运行中的受电变压器发生故障或计划检修，无相同容量变压器可以替代，需要临时更换大容量变压器代替运行的业务。

2. 适用对象

暂换一般适用于正式用电的高压客户。

3. 时限

暂换变压器的使用时间，10 千伏及以下的不得超过二个月，35 千伏及以上的不得超过三个月。逾期不办理手续的，供电企业可中止供电。

【练习 13】**单选 · 客户办理暂换业务，暂换变压器的使用时间，10 千伏及以下的不得超过（　）。**

A. 一个月　　B. 两个月　　C. 三个月　　D. 六个月

六、暂拆

1. 定义

暂拆是指客户（因修缮房屋等原因）需要暂时停止用电并拆表的业务。

2. 适用对象

暂拆一般适用于正式用电的居民客户、非居民客户。

3. 时限

办理手续后，须在五天内执行暂拆 / 复装接电。暂拆时间最长不得超过六个月。暂拆期间，供电企业保留该用户原容量的使用权。

4. 暂拆业务办理原则

（1）用户办理暂拆手续后，供电企业应在五天内执行暂拆。

（2）暂拆原因消除，用户要求复装接电时，须向供电企业办理复装接电手续并按规定交付费用。上述手续完成后，供电企业应在五天内为该用户复装接电。

（3）超过暂拆规定时间要求复装接电者，按新装手续办理。

【练习 14】**单选 · 客户办理暂拆电表业务，暂拆时间最长不得超过（　）。**

A. 一个月　　B. 两个月　　C. 三个月　　D. 六个月

七、迁址和移表

1．定义

（1）迁址是指客户正式用电后，由于生产、经营原因或市政规划，需将原用电的受电装置迁移他处的业务。

（2）移表是指客户在原用电地址内，因修缮房屋、变（配）电室改造或其他原因，需要移动用电计量装置安装位置的业务。

2．适用对象

（1）迁址一般适用于正式用电的非居民客户、部分地市的居民客户。

（2）移表业务的适用对象存在地市差异，仅适用于正式用电客户，部分地市高压客户能否办理移表，需根据各省市公司差异答复。

【练习 15】简答题·请简述迁址和移表的区别。

八、改压

1．定义

改压是指客户正式用电后，由于客户原因需要在原址改变供电电压等级的一种变更用电事宜。

2．适用对象

改压一般适用于正式用电的居民客户和非居民客户。

3．时限

无要求。

4．改压业务办理原则

（1）改压引起的工程费用由用户负担。

（2）由于供电企业的原因引起用户供电电压等级变化的，改压引起的用户外部工程费用由供电企业负担。

九、改类

1．定义

改类是指客户在正式用电后，由于生产、经营情况及电力用途发生变化而引起用电电价类别的改变，称为改类。

2．适用对象

改类一般适用于正式用电的居民客户和非居民客户。

3．时限

具体参照各省市知识库。

4．改类业务办理原则

（1）在同一受电装置内，电力用途发生变化而引起用电类别改变时，允许办理改类手续。

（2）擅自改变用电类别，应按《供电营业规章》第一百条第 1 项处理。“在电价低的供电线路上，擅自接用电价高的用电设备或私自改变用电类别的，应按实际使用日期补交其差额电费，并承担二倍差额电费的违约使用电费。使用起讫日期难以确定的，实际使用时间按三个月计算。”

【练习 16】**简答题 · 请简述改压和改类业务的区别。**

十、更名和过户

1．定义

更名、过户是指客户依法变更名称或居民客户房屋变更户主名称的业务。

2．区别

一是原户不变而是依法变更企业、单位、居民客户名称的，称更名；二是原户迁出，新户迁入，改变了用电单位的，叫过户。

3．适用对象

更名、过户一般适用于正式用电的居民客户、非居民客户。

4．时限

具体参照各省市公司办理更名或过户业务的时限。

5．更名、过户业务办理原则

（1）在用电地址、用电容量、用电类别不变的情况下，允许办理更名或过户。

（2）原用户应于供电企业结清债务后，才能解除原供用关系。

（3）不申请办理过户手续而私自过户者，新用户应承担原用户所负债务。经供电企业检查发现用户私自过户时，供电企业应通知该户补办手续，必要时可终止供电。

【练习 17】单选 · 客户买了一套二手房，到供电营业厅办理了改变用户名称的业务，请问此业务是（ ）?

A. 更名　　B. 过户　　C. 并户　　D. 销户

【练习 18】简答题 · 请简述更名过户业务的区别。

十一、分户

1．定义

分户是指原客户由于生产、经营或改制方面的原因，由一个电力计费客户分列为两个及以上的电力计费客户，简称分户。

2．适用对象

分户业务一般适用于正式用电的非居民客户。

3．分户业务办理原则

（1）在用电地址、用电容量、供电点不变，且其受电装置具备分装的条件时，允许办理分户。

（2）在原用户与供电企业结清债务的情况下，再办理分户手续。

（3）分立后的新用户应与供电企业重新建立供用电关系。

（4）原用户的用电容量由分户者自行协商分割，需要增容者，分户后另行向供电企业办理增容手续。

（5）分户引起的工程费用由分户者负担。

（6）分户后受电装置应经供电企业检验合格，由供电企业分别装表计费。

【练习 19】多选 · 在（ ）不变，且其受电装置具备分装的条件时，允许办理分户。

A. 用电方式　　B. 用电地址　　C. 用电容量　　D. 供电点

十二、并户

1．定义

并户是指客户在用电过程中，由于生产、经营或改制方面的原因，由两个及以上电力计费客户合并为一个电力计费客户，简称并户。

2．并户业务办理原则

（1）在同一供电点，同一用电地址的相邻两户及以上用户允许办理并户。

（2）原用户应在并户前向供电企业结清债务。

（3）新用户用电容量不得超过并户前各户容量之总和。

（4）并户引起的工程费用由并户者负担。

（5）并户的受电装置应经检验合格，由供电企业重新装表计费。

【练习 20】多选 · 在同一（　　），同一（　　）的相邻两户及以上用户允许办理并户。

A. 供电点　　B. 用电地址　　C. 用电容量　　D. 用电方式

十三、销户

1．定义

销户是指客户申请停止全部用电容量的使用，和供电企业终止供用电关系，即供用电双方解除供用电关系。

2．销户业务办理原则

（1）须向供电企业提出申请。

（2）销户必须停止全部用电容量的使用。

（3）用户已向供电企业结清电费。

（4）查验用电计量装置完好性后，拆除接户线和用电计量装置。

（5）用户持供电企业出具的凭证，领还电能表保证金与电费保证金。

3．注意事项

根据《供电营业规则》，用户连续六个月不用电，也不申请办理暂停用电手续者，供电企业须以销户终止其用电。因部分省市地区出于优质服务考虑，为了不影响客户用电，对于连续六个月不用电的客户，一般不执行销户，具体情况以各省知识库为准。

【练习 21】单选 · 用户连续（　　）不用电，也不申请办理暂停用电手续者，供电企业须以销户终止其用电。

A. 三个月　　B. 六个月　　C. 九个月　　D. 一年

【练习 22】多选 · 办理销户业务的用户，在查验用电计量装置完好性后，需拆除（　　）。

A. 进户线　　B. 接户线　　C. 用电计量装置　　D. 表箱

本章内容依据文件：《供电营业规则》《十项承诺》。

学习笔记

第九章

电能计量

第九章知识点详解

知识背景

电力生产的特点是产、供、销同时完成，在电力系统发电、输电、变电、配电、用电环节，装设了大量的电能计量装置，用来测量发电量、厂用电量、供电量、售电量等，作为发、供电企业与电力客户电力交易和内部考核的依据。电能计量装置的准确与否，直接关系到供用电双方的经济利益。随着我国市场经济体制的逐步完善，供用电双方法律意识和自我维权意识的增强，如何正确应对和解答用户关于电能计量方面的咨询和投诉问题，就成为 95598 客服专员必须掌握的一项重要的知识。本课程将根据近年来电力用户比较关心的电能计量问题，结合电能计量的基础知识，分别从电能计量基础、电能表基础和电能计量常见问答等几个方面进行解释，为了便于理解，还对重要的知识点进行了拓展和延伸。

教学目标

（1）了解电能计量基础知识。

（2）了解电能表的基础知识。

（3）掌握电能计量常见问题应答。

第一节　电能计量基础

一、电能计量装置

1．电能计量装置定义

电能计量装置包括各种类型的电能表、计量用电压互感器、电流互感器及其二次回路、电能计量柜（箱）等（见图 9–1）。电能计量装置是供电企业和电力客户进行电能计量和电费结算的“秤杆子”。

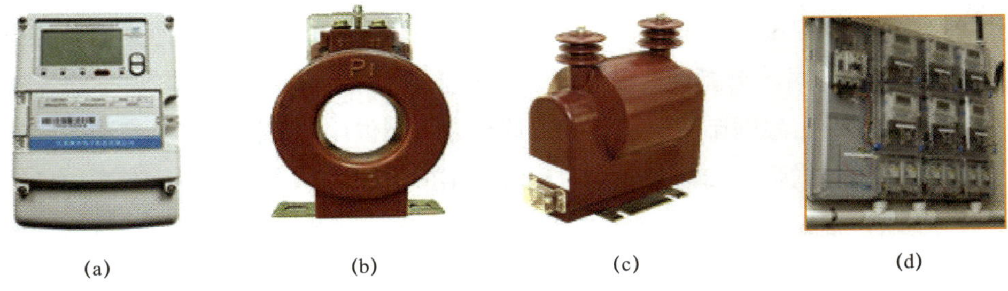

(a)　(b)　(c)　(d)

图 9–1　电能计量装置

（a）电能表；（b）电流互感器；（c）电压互感器；（d）电能计量箱

【练习 1】多选 · 电能计量装置包括哪些设备？（　）

A. 各类型电能表

B. 计量用电压 / 电流互感器

C. 二次回路

D. 电能计量柜（箱）

2．互感器的定义及作用

（1）互感器定义。一种为测量仪器、仪表继电器和其他类似电器供电的变压器。通常又可将互感器分为电流互感器和电压互感器两大类。

（2）电流互感器。电流互感器（TA/CT）又称仪用变流器，是一种将大电流变成小电流的仪器（见图 9–2）。

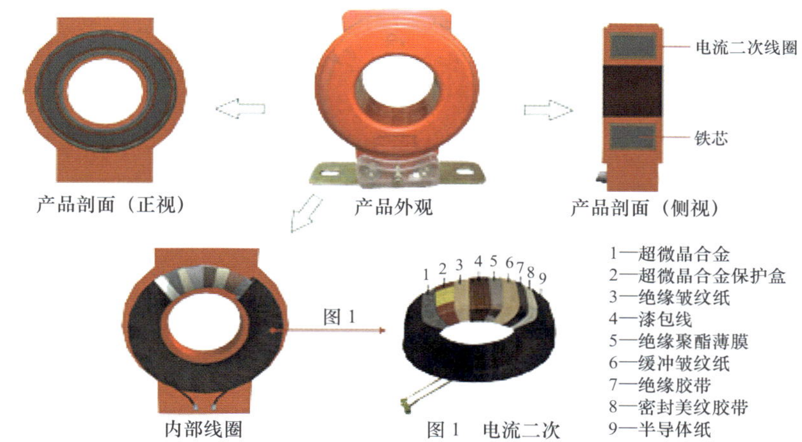

图 9-2　电流互感器

（3）电压互感器。电压互感器（TV/PT）又称仪用变压器，是一种将高电压变成低电压的仪器（见图 9-3）。

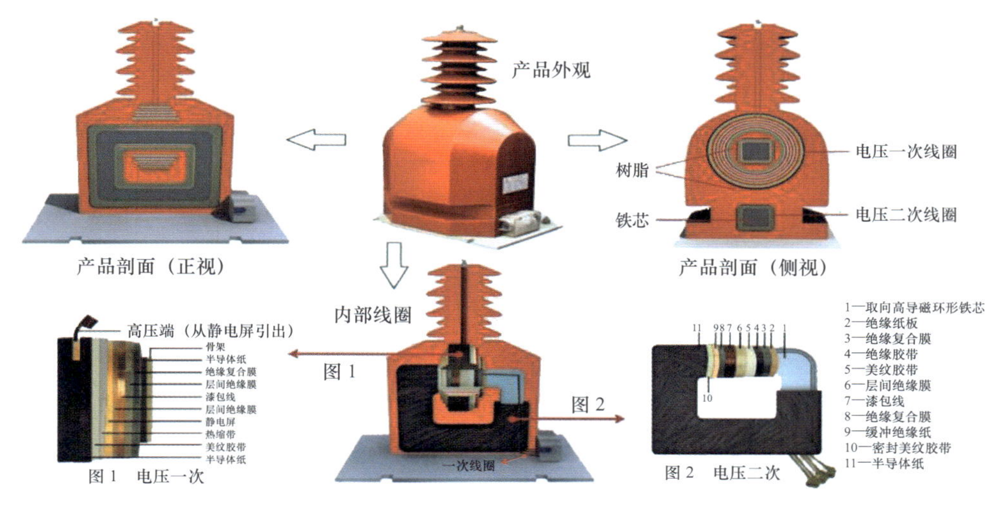

图 9-3　电压互感器

【练习 2】多选・互感器是一种为测量仪器、仪表继电器和其他类似电器供电的变压器。通常又可将互感器分为（　）和（　）两大类。

A. 电磁互感器　　B. 电流互感器　　C. 电阻互感器　　D. 电压互感器

3．互感器的主要参数

（1）额定电流变比。额定电流变比是指额定一次电流与额定二次电流之比，额定电流比一般用不约分的分数形式表示。如 100/5 安、200/5 安、500/1 安等。

（2）额定电压变比。额定电压变比是指额定一次电压与额定二次电压之比，额定电压比一般用不约分的分数形式表示。如 10000/100 伏等。

（3）乘率。乘率（又称倍率）是电能表的读数与实际电能的关系，是电流或电压互感器的比值。

【练习 3】单选 · 某公司安装了电流互感器，互感器上的额定电流比是 100/5 安，请问该公司的乘率（倍率）为多少？（　）

A. 500　　B. 100　　C. 20　　D. 5

4．电能计量装置分类

电能计量装置有三种分类方式：

（1）按用途分类。

贸易结算：供电企业与用户、不同电力企业之间、发电企业与用户。贸易结算用计量装置必须经过检定合格后才能安装运行。

内部考核 ：电网经营企业、供电企业内部技术经济指标考核；发电企业内除上网贸易结算外；用户内部技术经济指标考核。

（2）按计量对象分类。

关口：发电上网、跨国输电、跨区输电、跨省输电、省级供电、地市供电、趸售供电、内部考核。

用户：大工业、非普工业、农业生产、商业、非居民、居民、其他。

（3）按计量电能量的多少和计量对象的重要程度分类。

根据电力行业标准《电能计量装置技术管理规程》的规定，运行中的计量装置按其所计量电能量的多少和计量对象的重要程度分五类（Ⅰ、Ⅱ、Ⅲ、Ⅳ、Ⅴ）。

注：供电公司不生产电能表。只有取得制造计量器具许可证的电能表制造厂才能生产电能表。安装到客户处电表均由国网公司统一采购。电力公司不对外单独销售电表。

【练习 4】多选 · 电能计量装置可根据哪些方式进行分类？（　）

A. 按用途分类

B. 按品牌分类

C. 按计量对象分类

D. 按计量电能量的多少和计量对象的重要程度分类

二、电能计量方式

计量方式一般有高供高计、高供低计、低供低计三种方式。

1．高供高计

高供高计指高压供电的客户在高压侧装设电能计量装置，在高压侧计量（见图 9–4）。

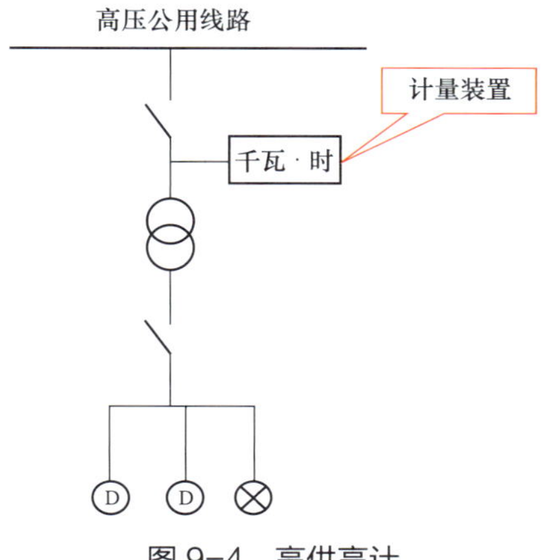

图 9–4　高供高计

2．高供低计

高供低计指高压供电的客户在低压侧装设电能计量装置，在低压侧计量。

因为高供低计的计量方式电能计量装置没有安装在产权分界处，所以线路与变压器损耗的有功与无功电量均须由产权所有者负担（见图 9–5）。

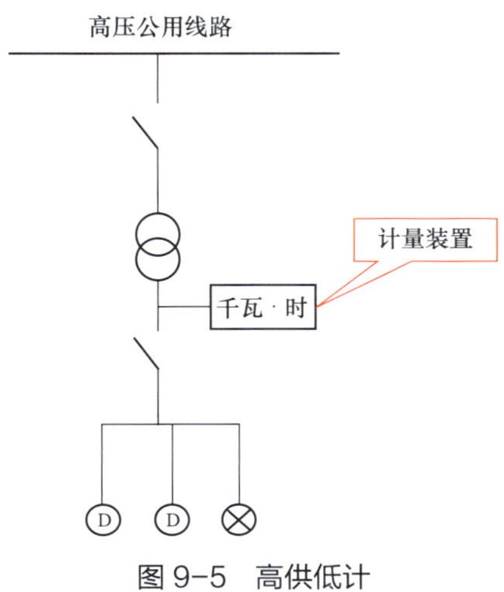

图 9–5　高供低计

3．低供低计

低供低计指低压供电的客户装设低压计量装置计量电能（见图 9–6）。

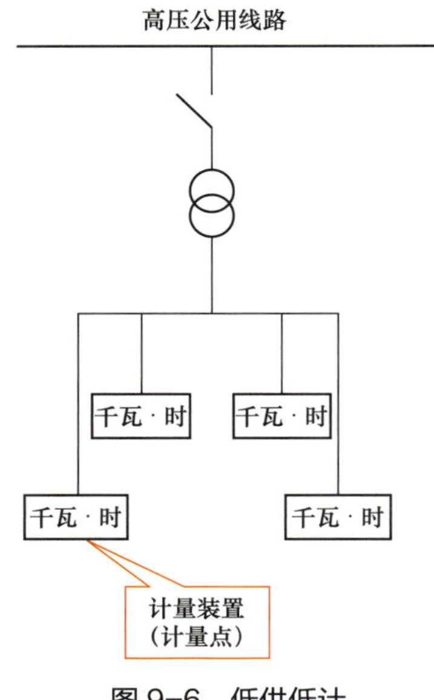

图 9–6　低供低计

【练习 5】单选 · 计量方式有（　）种。

A. 3　　B. 4　　C. 5　　D. 6

【练习 6】多选 · 计量方式有哪几种？（　）

A. 低供高计　　B. 高供高计

C. 高供低计　　D. 低供低计

三、用电计量与电费计收

（1）《供电营业规则》第七十条“供电企业应在用户每一个受电点内按不同电价类别，分别安装用电计量装置。每个受电点作为用户的一个计费单位。用户为满足内部核算的需要，可自行在其内部装设考核能耗用的电能表，但该表所示读数不得作为供电企业计费依据。”

（2）《供电营业规则》第七十一条“在用户受电点内难以按电价类别分别装设用电

计量装置时，可装设总的用电计量装置，然后按其不同电价类别的用电设备容量的比例或定量进行分算，分别计价。供电企业每年至少对上述比例或定量核定一次，用户不得拒绝。”

（3）《供电营业规则》第七十五条“城镇居民用电一般应实行一户一表。因特殊原因不能实行一户一表计费时，供电企业可根据其容量按公安门牌或楼门单元、楼层安装共用的计费电能表，居民用户不得拒绝合用。共用计费电能表内的各用户，可自行装设分户电能表，自行分算电费，供电企业在技术上予以指导。”

【练习 7】单选 · 供电企业应在用户每一个（　）内按不同电价类别，分别安装用电计量装置。

A. 用电点　　B. 用户地址

C. 产权分界　　D. 受电点

四、计量装置的使用及保护责任

根据《供电营业规则》第七十七条规定“计费电能表装设后，用户应妥为保护，不应在表前堆放影响抄表或计量准确及安全的物品。如发生计费电能表丢失、损坏或过负荷烧坏等情况，用户应及时告知供电企业，以便供电企业采取措施。如因供电企业责任或不可抗力致使计费电能表出现或发生故障的，供电企业应负责换表，不收费用；其他原因引起的，用户应负担赔偿费或修理费。”

【练习 8】多选 · 以下哪种情况致使计费电能表出现故障的，供电企业将负责换表？（　）

A. 客户内部故障　　B. 客户操作不当

C. 供电企业责任　　D. 不可抗力

五、计量装置检定

1．电能计量装置全寿命周期

电能计量装置在供电公司的全寿命周期包括：订货、验收、入库、检定、安装运行、故障维修、拆回、报废（见图 9–7）。

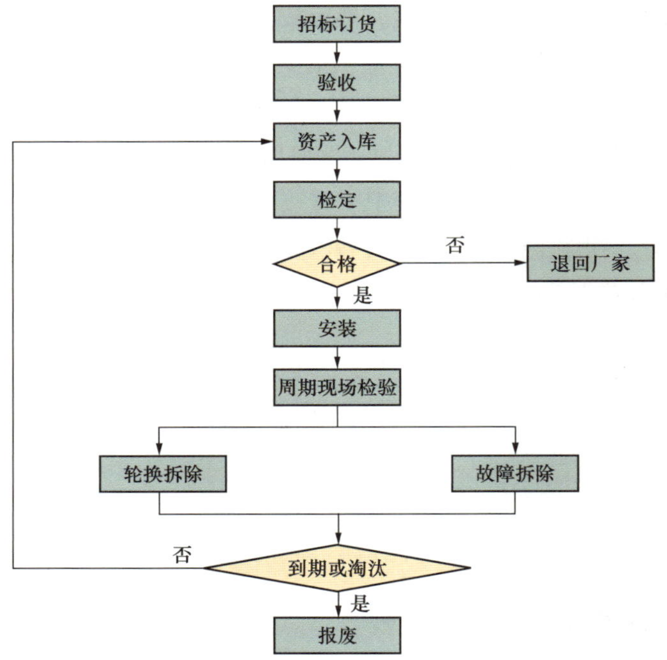

图 9-7　电能计量装置全寿命周期

【练习 9】单选 · 电能计量装置在供电公司的全寿命周期不包括（　　）。

A. 生产　　B. 安装运行　　C. 拆回　　D. 报废

2. 计量装置检定

计量检定是指为评定计量器具的计量性能，确定其是否合格所进行的全部工作（见图 9-8）。

(a)

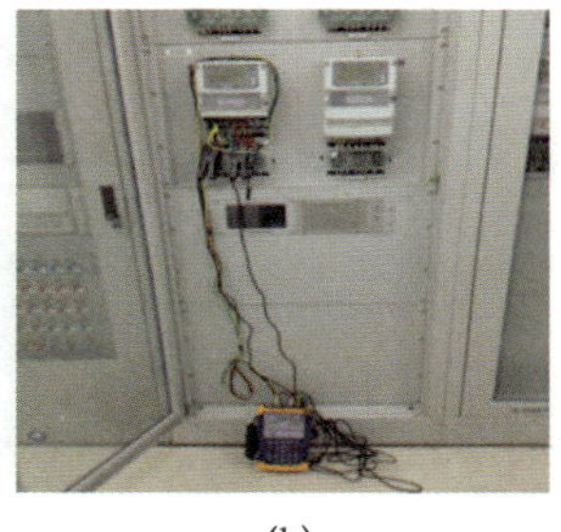

(b)

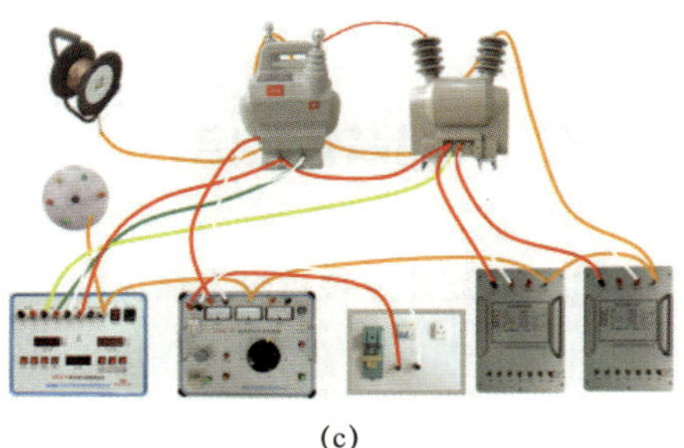

(c)

图 9-8　计量检定

（a）电能表室内检定；（b）电能表现场检测；（c）互感器检定

第二节　电能表基础知识

一、电能表的分类

（1）按结构分类：机械式电能表、机电式电能表、电子式电能表。

（2）按功能分类：有功表、无功表、智能表、预付费（卡）表、最大需量表。

（3）按计量方式分类：单相电能表、三相电能表。

（4）按付费方式分类：普通电能表、预付费电能表、本地费控智能电表、远程费控智能电表、电卡表。

【练习 10】单选 · 电能计量装置可按（　　）种方式分类。

A. 2　　B. 3　　C. 4　　D. 5

【练习 11】多选 · 电能表可按（　　）等方式进行分类。

A. 结构　　B. 功能　　C. 计量方式　　D. 付费方式

二、电能表的外观及基本参数

以单相本地费控智能电能表为例，如图 9–9 所示。

脉冲指示灯：用 1 度电闪 1200 下

跳合闸指示灯：远程进行跳闸操作时会这（该功能暂未使用）

红外窗口：通过通信接口进行数据传输时会亮，不影响客户正常用电

报警指示灯：电表本身故障时报警灯会亮

条形码表号

循环显示当前、上 1 月、上 2 月、上 3 月示数

显示剩余金额

5（60）安：“5”是基本电流 5 安，“60”是最大额定电流 60 安

1200 次 /（千瓦 · 时）：电能表记录电量和相应的转数之间关系的常数

②：电能表准确程度等级

按钮：轮动显示电表信息

图 9–9　电能表

【知识延伸】

1. 基本电流

标明在电能表上作为计算负载基数的电流，也叫标定电流，用 I_b 表示。

2. 最大额定电流

电能表能长期工作，而误差与温升完全满足要求的最大电流值，用 I_{max} 表示。

3. 电能表常数

常见的表达方式有：有功电能表以 imp/（kW·h）[次 /（千瓦·时）] 的形式表示；无功电能表以 imp/kvarh [次 /（千乏·时）] 的形式表示。

三、电能表的型号

电能表常用型号（见图 9–10）：

第一个字母 D—电能表；

第二个字母 D—单相、S—三相三线、T—三相四线；

第三个字母 S—电子式、Z—智能表、Y—预付费、D—多功能、X—无功、F—复费率。

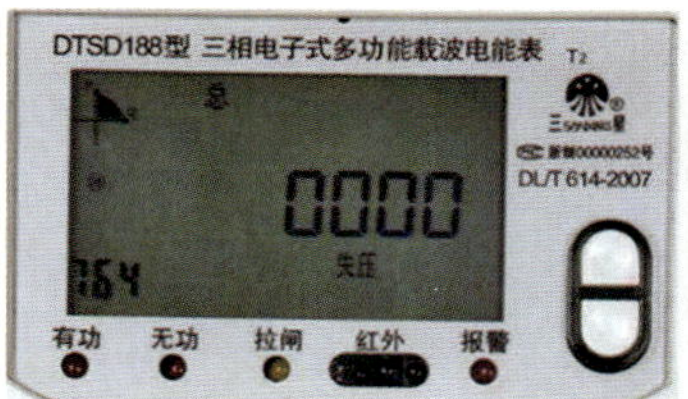

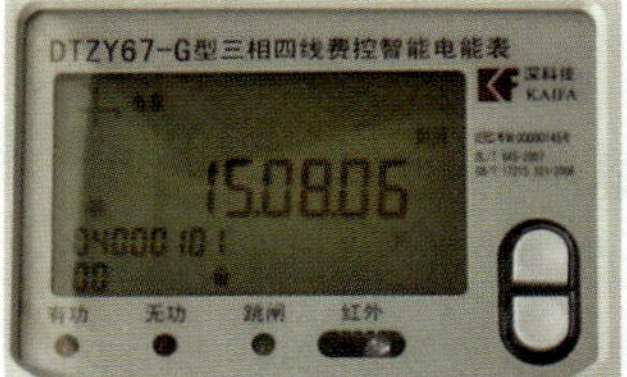

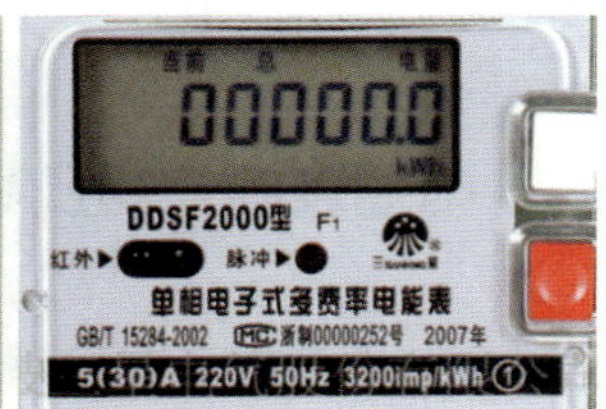

图 9–10　电能表的型号

【练习 12】单选·某电能表的型号是 DTSD 型电表，请问此电表是什么型号？（　）

A. 三相三线预付费电能表　　B. 三相四线电子式多功能电表

C. 单相智能电表　　D. 单相无功电能表

四、电能表的铅封

铅封是指计量专用封印，用于对贸易结算（计量）用电能计量装置进行加封（见图 9–11）。是为维护供用电双方利益，防止电能计量装置非法开启，确保电能计量装置计量正确的管理手段。

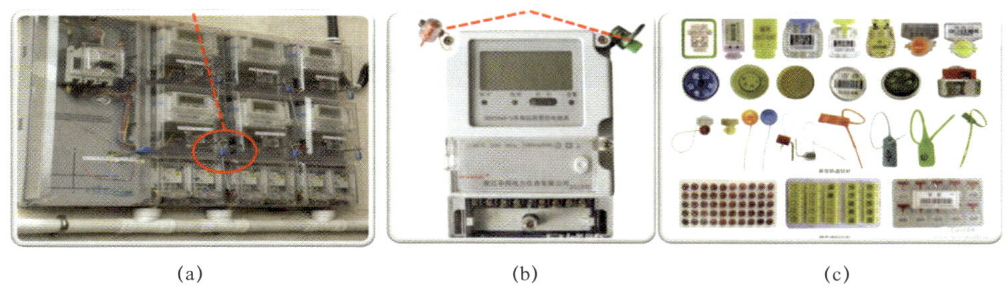

(a)　　(b)　　(c)

图 9-11　电能表的铅封

(a) 供电公司铅封；(b) 厂家铅封；(c) 各式各样铅封

【练习 13】多选·电能表的铅封主要分为（　　）。

A. 供电公司铅封　　B. 用户铅封

C. 物业铅封　　D. 厂家铅封

【知识延伸】

电能表容量计算：

单相电能表容量计算公式为 $P=U\times I$。

例：一个低压单相电能表铭牌上的标识为 10（40 安），则该电表的额定容量为 $P=U\times I=$220 伏 ×40 安 =8800 瓦≈8 千瓦。

第三节　电能计量常见问题

一、电能表显示异常

【案例】客户反映电能表上显示 ERR-04，是为什么？

根据客户描述，可参照知识库中各省市公司关于电能表相关问题的处理。表 9-1 为某市电能表异常代码查询结果，经查询，该客户电能表属于时钟电池电压低。

表 9-1　　　　电能表异常代码

异常代码	异常名称	异常类型
Err—01	控制回路错误	电表相关提示
Err—04	时钟电池电压低	电表相关提示
Err—08	时钟故障	电表相关提示
Err—18	提前拔卡	IC 卡相关提示
Err—21	表计已开户（开户卡插入已经开过户的表计）	IC 卡相关提示
Err—22	表计未开户（客户卡插入还未开过户的表计）	IC 卡相关提示
Err—23	卡损坏或不明类型卡（如反插卡，插铁片等）	IC 卡相关提示
Err—24	表计电压过低（此时表计操作 IC 卡可能会导致表计复位或损害 IC 卡）	IC 卡相关提示
Err—26	卡类型错	IC 卡相关提示

二、电能表潜动

【案例】客户反映家中不用电的情况下，电能表仍然在走字，这是为什么？

家中不用电但电表仍在走字的原因有很多，如：部分用电设备在待机状态、被他人窃电、线路漏电、电能表故障等。客服专员应在电话中指导客户进行内部用电情况、漏电、窃电及电能表潜动的排查。若确实存在潜动故障，客服专员应受理客户问题。

三、电能表不准

【案例】客户反映 11 月份家中用电量 100 度，但 12 月份家中用电量有 300 度，认为电能表计量不准确，该如何处理？

导致客户电量波动大的原因有很多，如：用电人口增加、用电设备增加、阶梯电价影响、分时电价影响、抄错表、电能表不准等。客服专员应在电话服务中通过语言沟通与系统查询辨别是否存在电能表不准的情况，若确实存在电能表不准，客服专员可建议客户去营业厅验表或受理客户诉求。

【练习 14】多选 · 导致客户电能表计量不准确的原因可能有哪些？（　）

A. 漏电　　B. 抄表差错　　C. 电能表潜动　　D. 他人窃电

四、校验电表

【案例】客户反映家中电表不准，询问是否可以去营业厅验表，应如何处理？

客户如需校验电能表，需考虑电能表资产归属问题，如该电能表属供电公司资产，可申请办理验表。如该电能表属客户私有资产，则不在供电公司的受理范围。

【练习 15】单选 · 申请校表后多久会受到检测结果（　　）。

A. 5 个工作日　　B. 5 天　　C. 10 个工作日　　D. 10 天

【练习 16】简答 · 基本电流与最大额定电流的定义是什么？

【练习 17】简答 · 一个低压单相电能表铭牌上的标示为 10（50 安），请问该电表的额定容量为多少？

【练习 18】简答 · 客户反映不用电时电表仍在计数如何处理？

【练习 19】简答 · 客户怀疑供电公司的验表结果，该怎么办？

本章内容依据文件：《供电营业规则》。

第十章

电价电费

第十章知识点详解

知识背景

电力是一种特殊商品，电价是其价值的货币表现，电费是根据用电客户执行的电价标准、抄表电量等数据计算得来。

电价水平的高低在很大程度上影响着电力事业的发展，关系着国家的经济繁荣。电费是电力企业经营成果的最终体现。及时、准确、足额向客户收取电费，直接关系到电力企业的经营效益，关系到能否向全社会电力消费者提供优质、快捷、方便的电力产品。

因此，在电力行业产业链中，电价电费具有举足轻重的地位。

教学目标

（1）了解电价电费的构成。

（2）掌握各类电费的区别及计算方式。

（3）掌握电费的基本计算方式。

第一节　电价电费基础知识

一、电价的定义

电能是一种特殊的商品，它的产、供、销在同一时刻完成，所以，电价是电能价值的货币表现，它由电力生产成本、税金和利润组成。用户实际用电量是根据供电企业在用户处安装的计费电能计量装置中有功电能表读数计算的，而这部分费用支出称为“电度电费”。

二、制定电价的原则

《电力法》第三十六条和第五十条规定：制定电价，应当合理补偿成本，合理确定收益，依法计入税金，坚持公平负担，促进电力建设。国家对农业电价的制定实行保本、微利的原则。

1．电价分类

《电力法》规定任何单位不得超越电价管理权限制定电价。分类电价标准和分时电价办法由国务院确定。根据电能所处的环节不同，电价可分为上网电价、输配电价和销售电价。

2．销售电价

所谓销售电价指的是电网通过供电企业向用户销售电力的价格。

销售电价 = 售电成本 + 盈利（包括利润与税金）

其中，售电成本由九项成本费用构成，分别为：燃料费、购入电力费、水费、材料费、工资、职工福利费、基本折旧费、大修理费和其他费用。售电成本除了包括全部九个成本项目外，还应包括汇集管理费。

根据用户不同的用电性质、不同的电压等级而制定的不同的电价，应能够促使用户改善用电状况，提高设备利用率和负荷率，经济、合理、节约使用电能，充分发挥价格经济杠杆的作用。

三、电价表认知

1．相关术语

（1）电度电价：按用户用电度数计算的电价。

（2）目录电度电价：指不含政府性基金及附加的电度电价。

（3）目录电度电费：根据用电客户用电量和目录电度电价计收的电费。

（4）政府性基金及附加：代征有关法律、行政法规规定或经授权部门批准，随结算电量征收的基金及附加。

（5）电度电费：为目录电度电费与代征电费之和。

2．销售电价表

详见表 10–5“××省（市）销售电价表”。

四、电价制度

1．单一制、两部制电价

电力的生产、输送、销售是同时完成的，只要客户并网用电，不仅要使用电能（电量），而且要占用电力（容量负荷），直接影响电网进一步扩大新客户并网的能力。电网总的供电容量叫电力固定成本，也叫容量成本，政策规定容量成本对不同用电类别客户的分摊比例不同，从而形成了单一计量电价（也叫单一制电价）和两部制电价。

（1）单一制电价。单一制电价是以客户安装的电能表每月计算出的实际用电量乘以相对应的电价计算电费的计费方式。

（2）两部制电价。两部制电价由电度电价和基本电价两部分构成。电度电价是指按客户计费表所计的电量来计算电费的电价；基本电价是以客户用电的接用容量或需量计算的电价。我国大部分网省当前两部制电价的执行范围为直供大工业电价的执行范围。

1）基本电价。基本电价是指按用户用电容量计算的电价，代表电力工业企业成本中的容量成本，即固定费用部分，在计算基本电费时，以用户设备容量千伏安［例：某省：28 元 /（千伏安・月）］或用户最大需量千瓦［例：38 元 /（千瓦・月）］为单位；用户每月所付的基本电费，仅与其容量或需量有关，而与其实际使用的电量无关。基本电费可按变压器容量计费，也可按最大需量计费，由供电公司与用电户商定计费方式。

2）电度电价。电度电价是指按用户用电度数计算的电价，代表电力工业企业成本中的电能成本，即变动费用部分。在计算电度电费时，以用户实际使用电量为单位。电度电价又按受电电压不同划分不同标准，以山东为例具体分为 1 ~ 10 千伏、35 ~ 110 千伏、110 千伏及以上三个等级。

实行两部制电价计费的用户还应实行功率因数调整电费办法。功率因数调整电费是根据用户力率水平的高低减收或增收的电费。大工业电价，实行两部制电价。即包括基本电价、电度电价和功率因数调整电费三部分。

3）两部制电价的优越性。发挥价格经济杠杆作用，促使用户提高设备利用率、减少不必要的设备容量、节约电能损耗、压低尖峰负荷、提高负荷率。

用户合理负担费用，保证电力工业企业财务收入。由于电力工业企业发、供、用电一致性的特点，因而它必须为用户经常准备着一定的发、供电设备。

2．峰谷分时电价

因电力工业是资金密集型企业，资金回报率相对较低，为使有限的电力对社会能发挥最大的作用，制定峰谷分时电价，拉开负荷高峰与负荷低谷期间的用电价格，从而对提高电网负荷率起到经济调节作用；电力生产的均衡性与客户使用的不平衡性，形成电网季节性的、每日不同时段的负荷率。实行峰谷分时电价，就是在不提高电价总水平的前提下，将用电高峰时期的电价提高、低谷时期的电价降低，通过价格杠杆调节客户少用高峰电、多用低谷电，达到移峰填谷、提高电网负荷率、减少资源浪费的目的。某省电网峰谷分时电价表见表 10–1。

由于电网运行的特殊性，客户侧的管理除政策规定外，还要有相应的技术手段和经济手段才能保证电网安全、稳定、合理地运行，更大限度地满足社会用电需要。

表 10–1　某省电网峰谷分时电价表

用电分类	电压等级	销售电价［元/（千瓦·时）］		
		高峰	平段	低谷
		07:30–11:30；17:00–21:00	05:00–7:30；11:30–17:00；21:00–22:00	22:00–5:00
一般工商业用电	不满 1 千伏	1.14365	0.7810	0.41835
	1 ~ 10 千伏	1.12865	0.7710	0.41335
	20 千伏	1.12565	0.7690	0.41235
	35 ~ 110 千伏以下	1.11365	0.7610	0.40835

【思考 1】您能说出该省峰谷时段及对应电价吗？

3．功率因数调整电价

因客户所使用电量只是电网运行中有功分量（电力）所做的功，另外还有无功分量。为降低线路电量损失，提高供电电压质量，需根据电网中无功电源的经济配置及运行上的要求，确定集中补偿无功电力的措施，保证电网无功平衡，并要求广大电力客户分散补偿无功电力，使客户无功补偿就地平衡。制定功率因数调整电价，客户也能相应地减少电费支出。

（1）功率因数电费的概念。功率因数调整电费是按用户实际功率因数及该用户所执行的功率因数标准，对用户承担的电费按功率因数调整电费表系数进行相应调整的电费。

（2）功率因数调整电费执行范围。

1）功率因数标准 0.9，适用于 160 千伏安以上的高压供电工业客户（包括社队工业客户）、装有带负荷调整电压装置的高压供电电力客户和 3200 千伏安及以上的高压供电电力排灌站；

2）功率因数标准0.85，适用于100千伏安（千瓦）及以上的其他工业客户（包括社队工业客户）、100千伏安（千瓦）及以上的非工业客户和100千伏安（千瓦）及以上和电力排灌站；

3）功率因数标准0.80，适用于100千伏安（千瓦）及以上的农业户和趸售客户，但大工业客户未划由电业直接管理的趸售客户，功率因数标准应为0.85。

（3）功率因数调整电费执行要求。

1）凡实行功率因数调整电费的用户，应装设带有防倒装置的无功电度表，按用户每月实用有功电量和无功电量，计算月平均功率因数；

2）凡装有无功补偿装置设备且有可能向电网倒送无功电量的用户，应随其负荷和电压的变动及时投入或切除部分无功补偿设备，电力部门并应在计费计量点加装带有防倒装置的无功电度表，按倒送的无功电量与实用无功电量两者的绝对值之和，计算平均功率因数。

3）根据电网需要，对大用户实行功率因数考核，加装记录高峰时段内有功、无功电量的电度表，据以计算月平均高峰功率因数；对部分用户还可以试行高峰、低谷两个时段分别计算功率因数，由试行省市自治区电力局或电网管理局拟定办法，报经批准后执行。

（4）功率因数调整电费的核算方式。客户没有结算电费，都需要核准功率因数，也就是将客户当月的实际功率因数与执行的标准进行比较：若实际功率因数高于执行标准则电费减收；若实际功率因数低于执行标准则电费增收。

（5）功率因数低的危害。

1）增加供电线路的电能损失，降低输电效能。

2）增加供电线路的电压损失，造成电压波动，影响供电质量。

3）降低发、供、用电设备的有效利用率。

4）供电企业为减少电能损失，提高电压质量而投资成本加大。

5）功率因数低的企业要增加电费支出，加大了生产成本。

五、定比定量

1．定比定量的定义及作用

根据《供电营业规则》第七十一条规定：在用户受电点内难以按电价类别分别装设用电计量装置时，可装设总的用电计量装置，然后按其不同电价类别的用电设备容量的比例或定量进行分算，分别计价。供电企业每年至少对上述比例或定量核定一次，用户不得拒绝。按比例进行分算的叫定比，按定量进行分算的叫定量（又称定扣）。

2．定比定量的计算方式

定比电量计算：抄表示数 = 本月示数 − 上月示数

定比电量 = 抄表示数 × 定比值；另一部分 = 抄表示数 − 定比电量

定量电量计算：抄表示数 = 本月示数 − 上月示数

定比电量 = 约定电量；另一部分 = 抄表示数 − 定量电量

第二节　销售电价的分类

一、销售电价按照用电性质分类

根据用电性质，将电价分为四类：

（1）居民生活用电电价：如家庭照明、家用电器等。

（2）一般工商业及其他电价：商场、超市、铁道等。

（3）大工业用电电价：大型化工、冶金等受电变压器等 315 千伏安以上的工业客户。

（4）农业生产用电电价：牧场、电力排灌站、瓜果种植等。

二、居民生活用电

凡属城乡居民家庭照明、家用电器等生活用电，居民楼道灯用电，教委明确范围内的学校教学和学生生活用电，民政部门认定的属于向老年人、残疾人、孤残儿童开展养护、托管、康复服务的服务场所用电及城乡社区居委会公益性服务设施用电，均执行居民生活用电电价。

【知识延伸】

私立养老院、英语培训学校等都是盈利性场所，不属于居民生活用电范畴。

【练习 1】多选·下列哪些客户执行居民生活电价？（　）

A. 公司的广告牌　　B. 高校的学生公寓

C. 街道居民委员会　　D. 小学的校办工厂

E. 小区一楼的麻将室　　F. 福利院的楼内电梯

阶梯电价是指将现行单一形式的居民电价，改为按照用户消费的电量分段定价，用电价格随用电量增加呈阶梯状逐级递增的一种电价定价机制。

阶梯电价一般分为三档，如表 10–2 所示。

表 10–2 阶梯电价分档

阶梯分档	用电情况	覆盖范围	电价方案
第一档	基本用电	80% 居民用电量	保持稳定不作调整
第二档	正常用电	15% 居民用电量	提价幅度不低于每度 5 分钱
第三档	高质量用电	5% 居民用电量	每度提价 3 毛钱

以天津市为例，如表 10–3 所示。

表 10–3 天津市阶梯电价分档

天津居民阶梯电价不满 1 千伏	一档	二档	三档
	0 ~ 2640 度	2641 ~ 4800 度	4800 度以上
	0.49 元 /（千瓦·时）	0.54 元 /（千瓦·时）	0.79 元 /（千瓦·时）

合表居民用户是指在一个用电户下，有 2 个及以上独立房产证明的住宅，共用一套计量表计。合表用户不执行阶梯电价，电价标准参见各省知识库。

三、大工业用电

1．大工业电价的定义

大工业电价是以电为原动力，用户受电变压器总容量（包括不经过变压器的高压电机的容量）在 315 千伏及以上的电力用户。

2．大工业电价的适用范围

（1）电冶炼、烘焙、电解、电化、电热的一切工业生产用电。

（2）铁路（包括地下铁路、城铁）、航运、电车及石油（天然气、热力）加压站生产用电。

（3）自来水、工业实验、电子计算中心、垃圾处理、污水处理生产用电。

【思考 2】大工业执行的功率因数标准可以更改吗？

3．电费违约金

（1）违约金的定义。根据《供电营业规则》第九十八条规定：用户在供电企业规定的期限内未交清电费时，应承担电费滞纳的违约责任。电费违约金从逾期之日起计算至交纳日止。

（2）违约金计算方式。每日电费违约金按下列规定计算：

1）居民用户每日按欠费总额的千分之一计算；

2）其他用户：当年欠费部分，每日按欠费总额的千分之二计算；跨年度欠费部分，每日按欠费总额的千分之三计算。

电费违约金收取总额按日累加计收，总额不足1元者按1元收取。

【练习2】简答·居民客户欠8月电费60元，12月17日补清欠款，应交共多少钱?

【知识延伸】

1. 一户一表

“户”的界定，居民用户原则上以住宅为单位，一个房产证明对应的住宅为一“户”。没有房产证明的，以电力公司为居民用户安装的电表为单位。“一户一表”就是供电公司将计费电能表直接安装到每一户居民住宅，由供电公司直接对每一户居民住宅抄表收费。

2. 合表

合表，顾名思义合用一块电表的用户，供电公司按照总计费电能表收取电费。合表，在部分地区称为“伙单”，意思就是一栋楼的每一层住户，自家都只有一间房屋，而大家合伙公用一个厨房、卫生间。这样的住户所用的电表、水表都是合表价格。

四、一般工商业用电

一般工商业用电电价就是将非工业、普通工业、非居民照明、商业用电四类合并为一类（部分省市公司未将非居民照明合入一般工商业用电电价中）。

1．商业用电

凡从事商品交换或提供商业性、金融性、服务性的有偿服务所需电力。例如：商场、商店、批发中心、超市、收费的旅游点、公园、卡拉OK厅等。

2．非居民照明

除“居民生活电价”“一般工商业用电—商业电价”“一般工商业用电—非工业电价”“一般工商业用电—普通工业”以及“大工业电价”外的下列用电，均应执行“一般工商业用电—非居民照明电价”：铁道、航运等信号灯用电、霓虹灯、荧光灯、医疗用X光机、市政部门管理的公共道路路灯等。

3．非工业

总容量在3千瓦及以上的非工业生产用电执行非工业电价。例如：机关、部队、医院等单位、地下铁道、管道输油、飞机场、影制片厂、房屋和土木工程建筑业等。

4．普通工业

受电变压器总容量不足315千伏安或低压受电的一切工业生产执行普通工业电价。例如：自来水厂生产用电、工业试验用电、航运修理厂等。

五、农业电生产用电

农业、林木培育和种植、畜牧业、渔业生产用电，农业灌溉用电，以及农业服务业中的农产品初加工用电的价格。其他农、林牧、渔服务业用电和农副食品加工业用电等不执行农业生产用电价格。

【知识延伸】

农业：是指各种农作物的种植活动用电。包括谷物、豆类、薯类、棉花、油料、糖料、麻类、烟草、蔬菜、食用菌、园艺作物、水果、坚果、含油果、饮料和香料作物、中药材及其他农作物种植用电。

【思考 3】假设某一般工商业用户，当月抄表电量为 300 度，其中峰时段用 100 度，平时段用 100 度，谷时段用 100 度，试计算该户当月电费。（价格如表 10–1 所示，电压等级为 1～10 千伏）

答：1.12865 × 100+0.771 × 100+0.41335 × 100=231.3

【思考 4】某小区住户，利用一楼房间贩卖烟酒，其本月抄表电量为 1000 度电，其商业用电执行非居民照明电价，定比为值 0.3（居民用电 0.5 元 / 度，非居民电价 0.8 元 / 度），问该客户本月电费多少钱?

答：1000 × 0.3 × 0.8+（1000–1000 × 0.3）× 0.5=590 元

××省（市）销售电价表见表 10-4。

表 10-4 ××省（市）销售电价表

用电分类	电压等级	电度电价	目录电度电价	政府性基金及附加						农维费标准	基本电价	
				农网还贷	重大水利工程建设	城市公用事业附加	中央库区移民后期扶持资金	地方库区移民后期扶持资金	可再生能源基金		最大需量［元/（千瓦·月）］	变压器容量［元/（千伏安·月）］
一、居民生活用电	不满 1 千伏	0.5469	0.5006	0.02	0.007	0.01	0.0083		0.001			
	1 千伏及以上	0.4929	0.4466	0.02	0.007	0.01	0.0083		0.001			
二、一般工商业用电	不满 1 千伏	0.7489	0.6881	0.02	0.007	0.01	0.0083	0.0005	0.004	0.011		
	1～10 千伏	0.7339	0.6731	0.02	0.007	0.01	0.0083	0.0005	0.004	0.011		
	35～110 千伏	0.7189	0.6581	0.02	0.007	0.01	0.0083	0.0005	0.004	0.011		
三、大工业用电	1～10 千伏	0.6147	0.5539	0.02	0.007	0.01	0.0083	0.0005	0.004	0.011	38	28
	35～110 千伏以下	0.5997	0.5389	0.02	0.007	0.01	0.0083	0.0005	0.004	0.011	38	28
	110～220 千伏以下	0.5847	0.5239	0.02	0.007	0.01	0.0083	0.0005	0.004	0.011	38	28
	220 千伏及以上	0.5697	0.5089	0.02	0.007	0.01	0.0083	0.0005	0.004	0.011	38	28
其中： 1. 电石、电解烧碱、合成氨、电炉黄磷	1～10 千伏	0.6047	0.5439	0.02	0.007	0.01	0.0083	0.0005	0.004	0.011	38	28
	35～110 千伏以下	0.5897	0.5289	0.02	0.007	0.01	0.0083	0.0005	0.004	0.011	38	28
	110～220 千伏以下	0.5747	0.5139	0.02	0.007	0.01	0.0083	0.0005	0.004	0.011	38	28
	220 千伏及以上	0.5597	0.4989	0.02	0.007	0.01	0.0083	0.0005	0.004	0.011	38	28

续表

用电分类	电压等级	电度电价	目录电度电价	政府性基金及附加						农维费标准	基本电价	
				农网还贷	重大水利工程建设	城市公用事业附加	中央库区移民后期扶持资金	地方库区移民后期扶持资金	可再生能源基金		最大需量［元/（千瓦·月）］	变压器容量［元/（千伏安·月）］
2. 离子膜法氯碱生产用电	1 ~ 10 千伏	0.5905	0.5297	0.02	0.007	0.01	0.0083	0.0005	0.004	0.011	38	28
	35 ~ 110 千伏以下	0.5755	0.5147	0.02	0.007	0.01	0.0083	0.0005	0.004	0.011	38	28
	110 ~ 220 千伏以下	0.5605	0.4997	0.02	0.007	0.01	0.0083	0.0005	0.004	0.011	38	28
	220 千伏及以上	0.5455	0.4847	0.02	0.007	0.01	0.0083	0.0005	0.004	0.011	38	28
3. 中、小化肥生产用电	1 ~ 10 千伏	0.3584	0.3286		0.007	0.01	0.0083	0.0005	0.004		38	28
	35 ~ 110 千伏以下	0.3434	0.3136		0.007	0.01	0.0083	0.0005	0.004		38	28
	110 ~ 220 千伏以下	0.3284	0.2986		0.007	0.01	0.0083	0.0005	0.004		38	28
	220 千伏及以上	0.3134	0.2836		0.007	0.01	0.0083	0.0005	0.004		38	28
四、农业生产用电	不满 1 千伏	0.5282	0.4902	0.02	0.007					0.011		
	1 ~ 10 千伏	0.5132	0.4752	0.02	0.007					0.011		
	35 ~ 110 千伏	0.4982	0.4602	0.02	0.007					0.011		
五、农业排灌用电	不满 1 千伏	0.5082	0.4902		0.007					0.011		
	1 ~ 10 千伏	0.4932	0.4752		0.007					0.011		
	35 ~ 110 千伏	0.4782	0.4602		0.007					0.011		

本章内容依据文件：《业管〔2019〕143 关于强化两部制电价调整业务执行的通知》《销售电价管理暂行办法》。

第十一章

窃电、违约用电

第十一章知识点详解

知识背景

维护良好的电力市场秩序和供电环境是确保电力消费者合法权益的重要保障。在日常生活中，有很多不法窃电或违约用电的行为发生，它直接导致危害电力设施安全可靠供电，造成国家利益和消费者利益的损害。学习窃电、违约用电的相关知识，可以帮助客服专员在受理客户对窃电、违约用电相关业务诉求时，做出准确的判断和答复。

教学目标

（1）掌握窃电和违约用电的定义、行为及处理规定。

（2）掌握窃电和违约用电的工单填写与派单要求。

第一节　窃电、违约用电的定义

一、窃电的定义

电是国民经济的重要能源，同时电又是商品。窃电不仅造成国家财产的重大损失，而且对电网的安全可靠运行造成威胁，进而影响企业的正常生产和社会的稳定。

窃电是以非法占有为目的，采取隐蔽手段或其他方法，故意造成计量装置不计量或少计量，以达到多用电少缴费或不缴费的用电行为总称。和普通盗窃性质一样，窃电是窃取公共财物的违法犯罪行为之一。

《供电营业规则》第一百零一条规定，禁止窃电行为。窃电行为包括：

（1）在供电企业的供电设施上，擅自接线用电。

（2）绕越供电企业用电计量装置用电。

（3）伪造或者开启供电企业加封的用电计量装置封印用电。

（4）故意损坏供电企业用电计量装置。

（5）故意使供电企业用电计量装置不准或者失效。

（6）采用其他方法窃电。

二、违约用电的定义

危害供用电安全、扰乱正常供用电秩序的用电行为，属于违约用电行为。供电企业对查获的违约用电行为应及时予以制止。

通常违约用电的行为有：

（1）在电价低的供电线路上擅自接用电价高的用电设备或私自改变用电类型。

（2）私自超过合同约定的容量用电。

（3）超计划指标用电。

（4）擅自使用已在供电企业办理暂停手续的电力设备或启用供电企业封存的电力设备。

（5）私自迁移、更动和擅自操作供电企业的用电计量装置、电力负荷管理装置、供电设施以及约定由供电企业调度的用户受电设备。

（6）未经供电企业同意，擅自引入（供出）电源或将备用电源和其他电源私自并网。

【练习 1】单选·窃电是一非法占有为目的，采取隐蔽手段或其他方法，故意造成（　）不计量或少计量，以达到多用电少缴费或不缴费的用电行为总称。

A. 电能表　　B. 计量装置　　C. 家用电器　　D. 用电设备

【练习 2】单选·危害供用电安全、扰乱正常供用电秩序的用电行为，属于违约用电行为。（　）对查获的违约用电行为应及时予以制止。

A. 供电企业　　B. 电力主管部门　　C. 电力监管部门　　D. 供电公司

第二节　窃电、违约用电的处罚标准

一、窃电的处罚标准

《供用电营业规则》第一百零二条规定：供电企业对查获的窃电者，应予制止，并可当场中止供电。窃电者应按所窃电量补交电费，并承担补交电费 3 倍的违约使用电费。拒绝承担窃电责任的，供电企业应报请电力管理部门依法处理。窃电数额较大或情节严重的，供电企业应提请司法机关依法追究刑事责任。第一百零三条规定，窃电量按下列方法确定：

（1）在供电企业的供电设施上擅自接线用电的，所窃电量按私接设备额定容量（千伏安视同千瓦）乘以实际使用时间计算确定。

（2）以其他行为窃电的，所窃电量按计费电能表标定电流值（对装有限流器的，按限流器整定电流值）所指的容量（千伏安视同千瓦）乘以实际窃用的时间计算确定。

窃电时间无法查明时，窃电日数至少以 180 天计算，每日窃电时间：电力用户按 12 小时计算；照明用户按 6 小时计算。

二、违约用电的处罚标准

《供电营业规则》第一百条中规定，有下列违约用电行为者，应承担相应的违约责任：

（1）在电价低的供电线路上，擅自接用电价高的用电设备或私自改变用电类别的，应按实际使用日期补交其差额电费，并承担 2 倍差额电费的违约使用电费。使用起讫日期难以确定的，实际使用时间按三个月计算。

（2）私自超过合同约定的容量用电的，除应拆除私增容设备外，属于两部制电价的用户，应补交私增设备容量使用月数的基本电费，并承担 3 倍私增容量基本电费的违约使用电费；其他用户应承担私增容量每千瓦（千伏安）50 元的违约使用电费。如用户要求继续使用，按新装增容办理手续。

（3）擅自超过计划分配的用电指标的，应承担高峰超用电力每次每千瓦 1 元和超用电量与现行电价电费 5 倍的违约使用电费。

（4）擅自使用已在供电企业办理暂停手续的电力设备或启用供电企业封存的电力设备的，应停用违约使用的设备。属于两部制电价的用户，应补交擅自使用或启用封存设备容量和使用月数的基本电费，并承担 2 倍补交基本电费的违约使用电费；其他用户应承担擅自使用或启用封存设备容量每次每千瓦（千伏安）30 元的违约使用电费。启用属于私增容被封存的设备的，违约使用者还应承担本条第 2 项规定的违约责任。

（5）私自迁移、更动和擅自操作供电企业的用电计量装置、电力负荷管理装置、供电设施以及约定由供电企业调度的用户受电设备者，属于居民用户的，应承担每次 500 元的违约使用电费；属于其他用户的，应承担每次 5000 元的违约使用电费。

（6）未经供电企业同意，擅自引入（供出）电源或将备用电源和其他电源私自并网的，除当即拆除接线外，应承担其引入（供出）或并网电源容量每千瓦（千伏安）500 元的违约使用电费。

【练习 3】单选·（　）对查获的窃电者，应予制止，并可当场中止供电。

A. 电力主管部门　　B. 供电公司

C. 供电企业　　D. 电力监管部门

【练习 4】单选·窃电者应按所窃电量补交电费，并承担补交电费（　）的违约使用电费。

A. 2 倍　　B. 3 倍　　C. 4 倍　　D. 5 倍

【练习 5】单选·在电价低的供电线路上，擅自接用电价高的用电设备或私自改变用电类别的，应按实际使用日期补交其差额电费，并承担（　）差额电费的违约使用电费。

A. 2 倍　　B. 3 倍　　C. 4 倍　　D. 5 倍

【练习 6】单选·私自超过合同约定的容量用电的，除应拆除私增容设备外，属于两部制电价的用户，应补交私增设备容量使用月数的基本电费，并承担（　）私增容量基本电费的违约使用电费。

A. 2 倍　　B. 3 倍　　C. 4 倍　　D. 5 倍

【练习 7】单选·擅自超过计划分配的用电指标的，应承担高峰超用电力每次每千瓦 1 元和超用电量与现行电价电费（　）的违约使用电费。

A. 2 倍　　B. 3 倍　　C. 4 倍　　D. 5 倍

【练习 8】单选·私自迁移、更动和擅自操作供电企业的用电计量装置、电力负荷管理装置、供电设施以及约定由供电企业调度的用户受电设备者，属于居民用户的，应承担每次（　）元的违约使用电费；属于其他用户的，应承担每次（　）元的违约使用电费。

A. 500、5000　　B. 400、4000　　C. 300、3000　　D. 200、2000

【练习 9】简答题·请简述窃电时间无法查明时窃电时间的计算方式。

第三节　窃电、违约用电的受理规范

一、窃电的受理规范

受理客户反映窃电的诉求，均派发“举报”工单，根据业务支持系统受理界面的工单模板，详细记录客户举报的窃电地址、窃电形式等重要信息。

【例 1】事件描述：客户来电举报其村里有人在供电公司配电箱上拉电线用电。

工单模板：【擅自接线】客户反映 ×××× 年 ×× 月 ×× 日，×× 市 ×× 区［县］××［街道 / 村］× 号 ×［人 / 单位］，在［供电线路 / 配电箱 /×］上，擅自接线用电，怀疑其存在窃电行为，具体情况为：××，请尽快核实处理。

受理内容：【擅自接线】客户反映 2019 年 1 月 1 日，“枣阳市新市镇山头领村 3 组岗东”有位退休的村长在供电设施公用电的电箱上，擅自接线用电，怀疑其存在窃电行为，具体情况为：“枣阳市新市镇山头领村 3 组岗东”有位退休的村长在供电设施公用电的电箱上，擅自接线用电，请尽快核实处理。

【例 2】事件描述：客户来电举报有人私自对电表做手脚，使电表不准。

工单模板：【故意使计量装置不准】客户反映 ××× 年 ×× 月 ×× 日，×× 市 ×× 区［县］××［街道 / 村］×× 号 ××［人 / 单位］，私自对电表［电能表表号：××/ 无装置详细信息］做手脚，使电表计数［不准 / 失效］，具体表现为：××，怀疑其存在窃电行为，请尽快核实处理。

受理内容：【故意使计量装置不准】客户反映 2019 年 1 月 1 日，上海市嘉定区龙居路 30 弄 8 号 303 的王某某，私自对电表［无装置详细信息］做手脚，使电表计数不准。具体表现为：王某某，私自对电表做手脚，使电表计数不准确，怀疑其存在窃电行为，请尽快核实处理。

二、违约用电的受理规范

受理客户反映违约用电的诉求，均派发“举报”工单，根据业务支持系统受理界面的工单模板，详细记录客户举报的违约用电地址、违约用电形式等重要信息。

【例 1】事件描述：客户来电举报某工程队擅自使用农业排灌用电，怀疑有违约用电行为。

工单模板：【私自更改用电类别】客户反映 ×× 市 ×× 区［县］××［街道/村］×× 号 ××［人/单位］存在［在电价低的供电线路上擅自接用电价高的用电设备/将 ×× 类别的用电私自作 ×× 用途］，客户未办理变更用电业务，具体情况：××，请尽快核实处理。

受理内容：【私自更改用电类别】客户反映浙江省金华市婺城区琅琊镇赛畈村有个造桥的工程队，存在在电价低的供电线路上将农业灌溉类别的用电私自作临时用电，客户未办理变更用电业务，具体情况：浙江省金华市婺城区琅琊镇赛畈村有个造桥的工程队，存在在电价低的供电线路上将农业灌溉类别的用电私自作临时用电行为，存在高价低接行为，请尽快核实处理。

【例 2】事件描述：客户来电举报某单位私自超过合同约定容量用电，要求处理。

工单模板：【私自增加用电容量】客户反映 ×××× 年 ×× 月 ×× 日，×× 市 ×× 区［县］××［街道/村］×× 号 ××［人/单位］，私自超过合同约定的容量 ×× 千瓦用电，客户未办理增容、暂换业务，怀疑其存在违约用电行为，具体情况：××，请尽快核实处理。

受理内容：【私自增加用电容量】客户反映 2019 年 3 月 7 日，江苏省宿迁市泗洪县青阳工业园江苏恒阳机械制造有限公司，私自超过合同约定的容量 630 千瓦用电，客户未办理增容业务，怀疑其存在违约用电行为，具体情况：江苏省宿迁市泗洪县青阳工业园江苏恒阳机械制造有限公司，现场变压器是 1000 瓦，实际该单位申请 630 千瓦，客户未办理增容业务，怀疑其存在违约用电行为，请尽快处理。

三、特殊情况

365 天内营销系统中存在窃电或违约用电的客户属于特殊客户，此类客户来电反映投诉诉求时派发意见工单，其他业务按分类标准派发。窃电及违约用电类型特殊客户生效之日起 365 天后自动恢复。

本章内容依据文件：《供电营业规则》《国家电网有限公司 95598 客户服务业务管理办法》。

学习笔记

学习笔记

第十二章

家电赔偿

第十二章知识点详解

知识背景

随着科技的不断进步，家用电器越来越普及化，几乎每个家庭多多少少都会使用家用电器，并且家用电器的精密程度和科技化水平也越来越高，人们对于它的依赖也越来越重，但在日常生活中，偶尔也会出现因为一些电力运行事故导致客户的家用电器损坏，这部分损失谁来负责？如何赔偿？赔偿多少？便成了我们居民用户最关心的事，通过这节课的学习，让我们一起揭开家电赔偿的神秘面纱。

培训目标

（1）了解什么是居民家用电器。

（2）了解居民家用电器赔偿原则。

（3）掌握家电赔偿工单受理方法。

第一节　什么是家用电器

一、概念

家用电器（HEA）主要指在家庭及类似场所中使用的各种电器和电子器具（见图 12-1）。又称民用电器、日用电器。家用电器使人们从繁重、琐碎、费时的家务劳动中解放出来，为人类创造了更为舒适优美、更有利于身心健康的生活和工作环境，提供了丰富多彩的文化娱乐条件，已成为现代家庭生活的必需品。

图 12-1　各种家电

二、发展历史

美国是家用电器的发源地。1879 年美国 T.A. 爱迪生发明白炽灯，开创了家庭用电时代。20 世纪初，美国 E. 理查森发明的电熨斗投放市场，促使其他家用电器相继问世。吸尘器、电动洗衣机、压缩机式家用电冰箱、电灶、空调器、全自动洗衣机应运而生。19 世纪 80 年代，爱迪生效应的发现和验证电磁波存在的实验，为电子学的诞生创造了条件。20 世纪初，英、美等国相继发明了第一代电子器件——电子管。1919 年超外差式接收机问世，为收音机发展创造了条件。1923 ~ 1924 年，美国 V.K. 兹沃雷金发明了摄像管和显像管，1931 年组装成世界上第一个全电子电视系统。1954 年美国始用彩色电视广播。磁性（钢丝）录音机和磁带录音机先后在 1898 年和 1935 年问世，在荷兰 1963 年发明盒式磁带的基础上，盒式磁带录音机迅速普及。集成电路的发明，使电子技术进入微电子技术时代，使家用电器提高到一个新的水平。

三、家用电器分类

根据《居民家用电器损坏赔偿办法》第十二条，将居民家用电器分为四类，并且对平均使用寿命进行了规定：

电机类如电冰箱、空调器、洗衣机，使用寿命为 12 年。

电子类如电视、音响、录像机、充电器，使用寿命为 10 年。

电阻电热类如电饭煲、电热水器、电茶壶，使用寿命为 5 年。

电光源类如白炽灯、气体放电灯、调光灯，使用寿命为 2 年。

【练习 1】单选 · 电磁炉的平均使用寿命为多少年？（　）

A. 2 年　　B. 10 年　　C. 5 年　　D. 12 年

第二节　赔偿原则和处理办法

【案例】2015 年 6 月，宣威市宝山镇宝山街西段突然停电，造成部分居民家电灯爆炸，电视机、计算机、电磁炉、冰箱、风扇等家用设备烧坏等状况。随后以夏某为代表的受害群体到工商部门进行投诉。接诉后，宣威市宝山工商所立即到宝山供电所了解情况。宝山供电所在派人入户调查的同时向宣威市供电公司进行了请示汇报。经调查，事实确认此次事故是因当天突下暴雨，引流线与主线连接处烧断，导致电压升高，此段变压器烧坏，造成居民家用电器大面积损坏。在随后的调解工作中，宝山工商所与宝山供电所就如何对事故造成的损失进行赔付等问题，进行了多次的协调和沟通，最终供电公司同意立即对 79 户受损的家用电器进行维修更换赔偿，涉及金额共计 3.52 万元。

【思考】为何供电公司会对居民家损坏的家用电器进行更换赔偿，法律依据是什么？

图 12-2　电力供应与使用条例

一、家电赔偿法律依据

为保护供用电双方的合法权益，规范因电力运行事故引起的居民用户家用电器损坏的理赔处理，公正、合理地调解纠纷，根据《电力法》《电力供应与使用条例》（见图 12-2）和国家有关规定，制定了《居民用户家用电器损坏处理办法》(《居民家用电器损坏赔偿办法》第一条)。

二、家电赔偿的原则

1．不予赔偿的

供电企业如能提供证明，居民用户家用电器的损坏是不可抗力、第三人责任、受害者自身过错或产品质量事故等原因引起，并经县级以上电力管理部门核实无误，供电企业不承担赔偿责任（《居民家用电器损坏赔偿办法》第六条）。

2．应予赔偿

由供电企业以220/380伏电压供电的居民用户，因发生电力运行事故导致电能质量劣化，引起居民用户家用电器损坏时在满足一定条件的情况下，供电公司应予以维修更换赔偿。

电力运行事故如下：

（1）在220/380伏供电线路上，发生相线与零线接错或三相相序接反。

（2）在220/380伏供电线路上，发生零线断线。

（3）在220/380伏供电线路上，发生零线与相线互碰。

（4）同杆架设或交叉跨越时，供电企业的高电压线路导线掉落到220/380伏线路上或供电企业高电压线路对220/380伏线路放电。

（《居民家用电器损坏赔偿办法》第三条）

【知识延伸】

零线：零线是变压器二次侧中性点（N）引出的线路，与相线（L）构成回路，对用电设备进行供电。通常情况下，零线在变压器二次侧中性点（N）处与保护地线（PE）重复接地（PEN），起到双重保护作用。

相线：为了使交流电有很方便的动力转换功能，通常工业用电采用三相正弦交流电且电流相位（反映电流的方向大小）相互相差120度。通常我们将每一根这样的导线称为相线。

同杆架设：同杆架设就是两条或两条以上的线路架设在同根电杆上的简称，而一条线路也就是用一个断路器控制，向一个电压级别的用户供电的单电源线路，同杆架设的线路有同级电压的同杆线路，也有两级或多级电压的同架设线路；也有同向电源的同杆线路，也有不同向电源的同杆线路。

电压等级：电力系统及电力设备的额定电压级别系列。目前我国常用的电压等级：220伏、380伏、6.3千伏、10千伏、35千伏、110千伏、220千伏、330千伏、500千伏，1000

千伏。通常将35千伏以上的电压线路称为输电线路。35千伏及以下的电压线路称为配电线路。将额定1千伏以上电压称为“高电压”，额定电压在1千伏以下电压称为“低电压”。

【练习2】多选·**电力运行事故，是指在供电企业负责运行维护的220/380伏供电线路或设备上因供电企业的责任发生的哪些事故（　）。**

A. 相线与零线接错　　B. 零线断线

C. 相线与零线互碰　　D. 高电压线路对220伏线路放电

三、赔偿处理办法

1. 受理时限

从家用电器损坏之日起7日内，受害居民用户未向供电企业投诉并提出索赔要求的，即视为受害者已自动放弃索赔权。超过7日的，供电企业不再负责其赔偿（《居民家用电器损坏赔偿办法》第七条）。

【练习3】单选·**从家用电器损坏之日起（　）时间内，受害居民用户未向供电企业投诉并提出索赔要求的，即视为受害者已自动放弃索赔权。**

A. 5日　　B. 24小时　　C. 7日　　D. 7个工作日

2. 适用范围

适用于由供电企业以220/380伏电压供电的居民用户，因发生电力运行事故导致电能质量劣化，引起居民用户家用电器损坏的索赔处理（《居民家用电器损坏赔偿办法》第二条）。

3. 赔偿条件

（1）因电力运行事故导致的居民家用电器损坏。

（2）居民用户应及时向当地供电企业投诉，并保持家用电器损坏原状。（《居民家用电器损坏赔偿办法》第三条、第四条）。

4. 供电公司处理时限

供电企业在接到居民用户家用电器损坏投诉后，应在24小时内派员赴现场进行调查、核实（《居民家用电器损坏赔偿办法》第四条）。

【练习4】单选·**供电企业在接到居民用户家用电器损坏投诉后，应在（　）时间内派员赴现场进行调查、核实。**

A. 1天　　B. 1个工作日　　C. 12小时　　D. 24小时

【练习 5】判断·(　　)因电力运行事故造成居民家电损坏的，居民应及时向当地供电企业投诉，并保持家用电器损坏原状。

5．赔偿方法

损坏的家用电器经供电企业指定的或双方认可的检修单位检定。

认定可修复的：对损坏家用电器的修复，供电企业承担被损坏元件的修复责任。修复时应尽可能以原型号、规格的新元件修复；无原型号、规格的新元件可供修复时，可采用相同功能的新元件替代。修复所发生的元件购置费、检测费、修理费均由供电企业负担。不属于责任损坏或未损坏的元件，受害居民用户也要求更换时，所发生的元件购置费与修理费应由提出要求者负担（《居民家用电器损坏赔偿办法》第九条）。

认定不可修复的：对不可修复的家用电器，其购买时间在 6 个月及以内的，按原购货发票价，供电企业全额予以赔偿；购置时间在 6 个月以上的，按原购货发票价，并按本规定第十二条规定的使用寿命折旧后的余额予以赔偿。使用年限已超过本规定第十二条规定仍在使用的，或者折旧后的差额低于原价 10% 的，按原价的 10% 予以赔偿。使用时间以发货票开具的日期为准开始计算。

对无法提供购货发票的，应由受害居民用户负责举证，经供电企业核算无误后，以证明出具的购置日期时的国家定价为准，按前款规定清偿。清偿后，损坏的家用电器归属供电企业所有（《居民家用电器损坏赔偿办法》第十条）。

【练习 6】判断·(　　)因电力运行事故造成居民家电损坏，供电企业仅能通过赔偿方式解决。

【练习 7】判断·(　　)以外币购置的家用电器，按购置时国家外汇牌价折人民币计算其购置价，以人民币进行清偿。

【练习 8】判断·(　　)供电企业对受损家电清偿后，损坏的家用电器归属供电企业所有。

【练习 9】判断·(　　)损毁家电折旧后的差额低于原价 10% 的，按原价的 10% 予以赔偿，不足两百元的按两百元赔偿。

【练习 10】多选·居民家用电器因供电企业电力运行事故造成损毁，如果想得到供电企业的赔偿，需满足以下哪些条件？(　　)。

A. 7 日内向供电企业提出索赔　　B. 保持受损电器原样

C. 提供发票或举证　　D. 自行维修好后提供维修凭证

【练习 11】计算·2015 年 4 月 10 日，老王家的家电因供电公司供电质量导致一台液晶电视机、抽油烟机及冰箱损坏，转天老王找到供电公司工作人员到其家检查家电损毁

情况，发现电气损毁严重无法修理，此人让老王提供损毁家电的发票，得知电视机于2014年11月8日购买，价格是3999元，冰箱于2014年5月11日购买，价格是5999元，抽油烟机的发票找不到了，工作人员找到出场检验标志，显示2000年出厂，老王表示当时可是花了大价钱两千元购买的。供电公司需要赔偿老王多少钱？

供电企业责任

（1）因电力运行事故导致的引起家用电器损坏的，供电企业应会同居委会（村委会）或其他有关部门，共同对受害居民用户损坏的家用电器名称、型号、数量、使用年月、损坏现象等进行登记和取证。登记笔录材料应由受害居民用户签字确认，作为理赔处理的依据（《居民家用电器损坏赔偿办法》第五条）。

（2）供电企业如能提供证明，居民用户家用电器的损坏是不可抗力、第三人责任、受害者自身过错或产品质量事故等原因引起，并经县级以上电力管理部门核实无误，供电企业不承担赔偿责任（《居民家用电器损坏赔偿办法》第六条）。

（3）供电企业对居民用户家用电器损坏所支付的修理费用或赔偿费，由供电生产成本中列支（《居民家用电器损坏赔偿办法》第十三条）。

第三人责任致使居民用户家用电器损坏的，供电企业应协助受害居民用户向第三人索赔（《居民家用电器损坏赔偿办法》第十四条）。

【练习12】判断·（　）供电企业对居民用户家用电器损坏所支付的修理费用或赔偿费，由供电生产成本中列支。

【练习13】判断·（　）第三人责任致使居民用户家用电器损坏的，供电企业应协助受害居民用户向第三人索赔。

第三节　家电赔偿工单受理

一、涉及工单类型

（1）服务申请—用电异常核实—电器损坏核损。

（2）意见—供电服务—电器赔偿—家用电器损坏；意见—供电业务—用电检查—客户安全用电。

（3）投诉—服务行为—用电检查人员服务规范（态度）。

（4）催办类工单。

（5）咨询类工单。

（6）报修类工单。

二、工单类型详解

1．服务申请—用电异常核实—电器损坏核损

客户首次反映家用电器损坏的索赔诉求，派发服务申请核损。应详细记录客户信息、电力运行事故发生时间、损坏电器清单、损坏电器数量等，并告知客户不保持家用电器损坏原状，不要自行维修或委托第三方维修。

工单示例：【电器损坏核损】客户来电反映 2 月 10 日因供电公司电力运行事故导致家中电器设备损坏。具体损坏清单为：洗衣机 1 台、电视机 1 台、路由器 1 个，现申请对损坏电器进行现场核损，请相关工作人员核实处理。

【练习 14】单选·客户首次来电反映家中电器因为电力运行故障损坏，希望供电公司予以赔偿，派发何种工单？（　）

A. 意见　B. 投诉　C. 服务申请　D. 报修

2．意见—供电服务—电器赔偿—家用电器损坏；意见—供电业务—用电检查—客户安全用电

（1）客户再次来电，对于之前处理不满意，派发“意见—供电服务—电器赔偿—家用电器损坏”。

（2）对由保险公司处理的家电赔偿问题，当客户对赔偿方案、赔付时限等提出异议时，应派发“意见—供电服务—电器赔偿—家用电器损坏”。

（3）客户能够明确关于居民家电损坏赔偿处理问题，供电企业已告知其由保险公司负责，客服专员应向客户做好解释，如客户坚持要求反映此问题，应派发“意见—供电服务—电器赔偿—家用电器损坏”。

工单示例：【家电损坏】客户来电反映，此地点 2 月 4 日 20 时电压增高，恢复用电后发现家中烧坏一台油烟机、一台冰箱、一盏客厅灯、两个卧室灯、一盏餐厅灯，工作人员告知其可以为其修复电器，但是客户对此不认可，希望可以帮其直接更换新的电器，已正常解释，客户不接受，请供电公司相关部门尽快核实处理。

（4）客户表示供电公司未告知居民家电损坏赔偿问题由保险公司负责。供电公司在接到居民用户家用电器损坏诉求后，未在 24 小时内赶赴现场进行调查、核实，应派发“意见—

供电业务—用户安全用电”。

（5）如果是因不可抗力原因导致（例如雷雨天气）或者是因第三方责任导致的（例如第三方的卡车撞断供电公司电线杆导致线路联电引起客户电器损坏），客服专员应按照《居民家用电器损坏处理办法》向客户进行有效解释，如解释不认可，派发“意见—供电服务—电器赔偿—家用电器损坏”，不能不解释，直接派单。

【练习 15】单选·客户来电反映，2018 年 6 月因电视烧坏拿去给北河供电所维修，至今未将报修电器归还给客户，客户对此表示异议，请问应派发什么工单？（　）

A. 投诉　　B. 报修　　C. 服务申请　　D. 意见

3．投诉—服务行为—用电检查人员服务规范（态度）

客户表示供电公司工作人员在处理家电赔偿过程中，涉及人员服务态度的，应派发“投诉—服务投诉—服务行为—用电检查人员服务态度”；涉及人员存在饮酒及酒后上岗，不执行首问负责制、泄露客户信息、投拆工单未在 24 小时内联系客户的；或者客户有投诉意愿表示供电公司未告知居民家电损坏赔偿问题由保险公司负责。供电企业在接到居民用户家用电器损坏诉求，未在 24 小时内赴现场进行调查、核实。应派发“投诉—服务投诉—服务行为—用电检查人员服务规范”。

工单示例：【用电检查人员服务规范】客户诉求为非红线问题，客户有投诉意愿：[按 5 键]。客户反映 2 月 15 日 17 时，在 ×× 地点家电赔偿核损过程中，存在承诺未兑现（非口头承诺）的问题，具体情况为：答应客户在 2 月 27 日前处理完毕，但至今仍未处理，工作人员信息：[姓名 / 工号 / 性别 / 体貌特征 / 着装 / 等]，请相关部门尽快核实处理。

【练习 16】单选·客户有投诉意愿，来电反映其在 3 月 10 日向 95598 反映家电赔偿事宜，当地供电公司工作人员承诺在 3 月 25 日彻底处理完毕，工作人员已经维护，非口头承诺单，但是客户表示至今没有工作人员联系处理此事，客户对此非常不满，派发什么工单？（　）

A. 催办　　B. 报修　　C. 投诉　　D. 意见

4．催办类工单

对客户前期反映的问题超过处理时限一半的，可以派发催办工单催促工作人员尽快处理。

工单示例：【客户催办】工单号 ×× 的客户来电表示对之前的诉求急需解决，要求工作人员尽快处理。

5．咨询类工单

客户能够明确关于居民家电损坏赔偿处理问题，供电企业已告知其由保险公司负责，客服专员应向客户做好解释，如客户认可，应“咨询办结”。

6．报修类工单

客户反映家电赔偿的同时，仍然停电，需同时下派报修工单。

【练习 17】多选·客户首次来电反映家中电器因为电力运行故障损坏，希望供电公司予以赔偿，同时反映家中现在依然没有电，请问如何派单？（　）

A. 意见　　B. 投诉　　C. 服务申请　　D. 报修

本章内容依据文件：《居民家用电器核损处理办法》。

学习笔记

第十三章

故障报修

第十三章知识点详解

知识背景

故障报修业务是国家电网 95598 客服中心的主要业务，不仅话务量占比较高，也是新员工在接听时要处理的最基础的话务。处理故障报修类型的话务，是所有客服专员必备的基本技能。

培训目标

（1）了解故障报修的定义及分类。

（2）了解故障报修处理流程。

（3）掌握故障报修话术，可以应对不同客户的不同诉求。

第一节　故障报修基础知识

一、定义

故障报修业务是指国网客服中心通过95598电话、95598网站、“网上国网”等受理的故障停电、电能质量、充电设施故障或存在安全隐患须紧急处理的电力设施故障诉求业务。

【思考1】遇到停电的第一反应是什么？

二、造成停电的主要原因

1．计划停电检修

计划停电是指因为某种原因可能造成某地区范围内电力线路供电中断，电力公司根据上级指示，在某时间段，对特定地区内实行停电的措施。供电设施计划检修停电，必须提前7日向社会公告。

2．电网调荷避峰限电

限电是指当发电和用电不平衡时，会出现电网超负荷运行，为了确保电网安全需对部分客户按照政府批准的限电序位表进行限电。限电措施是按照政府批复的预案执行，目的是保证电网安全稳定运行，保证居民和重要单位的正常用电，不由供电公司负责制定。执行限电客户范围主要是非工业客户，包括宾馆、商场、饭店、写字楼和政府机关的空调、电梯和照明，以及路灯和亮化照明、非重点建设工程临时用电。工业客户主要在钢铁、水泥、化工等高耗能行业。

3．电力故障引起停电

电力故障主要包括高压故障、低压故障、电能质量、计量故障、充电设施故障。

（1）高压故障是指电力系统中高压电气设备（电压等级在1千伏及以上者）的故障，主要包括高压线路、高压变电设备故障等。

（2）低压故障是指电力系统中低压电气设备（电压等级在1千伏以下者）的故障，主要包括低压线路、进户装置、低压公共设备等。

（3）电能质量故障是指由于供电电压、频率等方面问题导致用电设备故障或无法正常工作，主要包括供电电压、频率存在偏差或波动、谐波等。

（4）计量故障是指计量设备、用电采集设备故障，主要包括高压计量设备、低压计量设备、用电信息采集设备故障等。

（5）充电设施故障是指充电设施无法正常使用或存在安全隐患等情况，主要包括充电桩故障，设备损坏等。

4．非电力故障引起停电

非电力故障是指供电企业产权的供电设施损坏但暂时不影响运行、非供电企业产权的电力设备设施发生故障、非电力设施发生故障等情况，主要包括客户误报、紧急消缺、通信设施故障等。

（1）客户误报是指客户欠费、违约用电、窃电停电、停限电工作等被采取停电措施的；客户卡表未开卡、未充值、卡表预付费不足导致不能正常用电的。

（2）紧急消缺是指客户反映供电企业电力设备存在安全隐患，危及电网运行安全或人身安全，需要供电企业紧急处理的故障。

（3）通信设施故障是指通信线路、有线电视及其他非电力公司产权设备故障，但客户无法区分的；根据客户描述，经现场查看无故障及异常现象或者客户再次致电撤销报修等情况；无法与客户联系等情况。

【思考2】造成客户停电的原因有哪些？

第二节　故障报修的分类

一、按照影响范围不同

1．单户停电

客户内部故障、欠费以及电力设备故障引起的停电。

2．多户停电

计划检修停电和临时计划检修停电、电网调荷避峰限电以及电力设备故障引起的停电。

二、按照故障现象不同

1．停电

是指由于故障或计划检修等原因造成的用户无法用电的情况。

2．电能质量

是指由于供电电压、频率等方面存在问题导致用电设备故障或不能正常工作，主要包括供电电压、频率存在偏差及波动，谐波异常等问题。

3．电压异常

电压高、电压低、电压不稳。其中电压高主要表现为电灯过亮、烧坏，电视机忽然过亮或无法启动等；电压低主要表现为电灯过暗，电饭煲煮米饭长时间煮不熟，水泵、空调、电视机等电器无法启动等；电压不稳主要表现为电灯闪烁、空调无法使用等。

《供电营业规则》第五十四条规定：在电力系统正常状况下，供电企业供到用户受电端的供电电压允许偏差为：

（1）35 千伏及以上电压供电的，电压正、负偏差的绝对值之和不超过额定值的 10%。

（2）10 千伏及以下三相供电的，为额定值的 ±7%。

（3）220 伏单相供电的，为额定值的 +7%，−10%。

（4）在电力系统非正常状况下，用户受电端的电压最大允许偏差不应超过额定值的 ±10%。

三、按照故障设备的电压等级不同

按照故障设备的电压等级不同，分为低压故障、高压故障。

1．低压

电压等级在 1 千伏以下的是低压网。

2．高压

1 千伏及以上的电压等级，常见高压的电压等级为 10、20、35、110、220 千伏。

四、按照故障设备的产权属性不同

1．供电公司资产设备的故障

（1）供电公司资产设备的低压故障。电力系统中低压电气设备（电压等级在 1 千伏以下者）存在的故障，主要包括低压线路、进户装置、低压公共设备、低压计量设备故障。

（2）供电公司资产设备的高压故障。电力系统中高压电气设备（电压等级在 1 千伏及以上者）存在的故障，主要包括高压计量设备、高压线路、高压变电设备故障。

图 13–1　电能表

2．非供电公司资产设备的故障

电能表电源侧，包括电能表（见图 13–1）为供电公司维护范围；电能表负荷侧，如空气开关（见图 13-2）、刀闸为居民客户自己维护范围。（各省市公司的产权分界详见知识库）

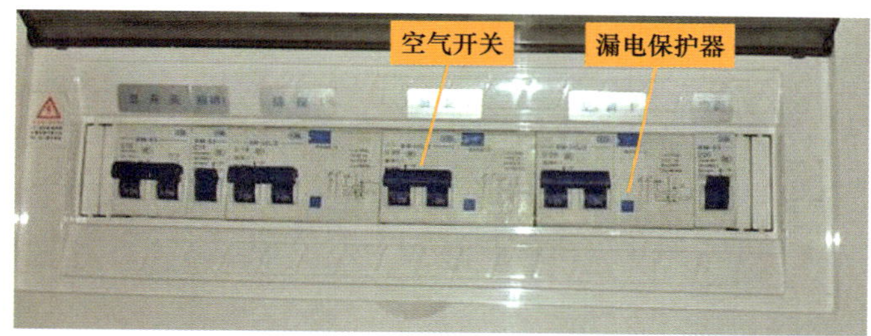

图 13-2　空气开关

五、按照故障设备类型不同

1．线路故障

电缆故障、架空线路冒火；弧垂过低，如有碍交通；树碰线，如已造成打火；线路绝缘老化。

注意事项：线路上有异物，如是紧急情况（例如：对人身安全产生伤害、造成公共财产损失等）需告知客户，如确属供电公司资产，供电公司将负责处理。

2．变压器故障

配电变压器常见的故障包括：小动物短路；异物短路；变压器匝间短路；跌落式熔断；避雷器或瓷瓶击穿；高低压接线柱或线夹烧坏；渗油、漏油、缺油；零线接地线烧坏等。

若路过的群众反映变压器爆裂声及漏油、喷油、放电、冒烟等现象：首先感谢此群众反映的情况，并引导此群众查看故障变压器所属的线路及名称（条件允许的情况下），做好记录，确定并非客户资产变压器时派抢修单，由抢修人员及时处理。

3．计量装置故障

电表故障现象：表烧、表丢失、快走、空走、停走、慢走、液晶屏无法显示、三相表缺相报警、峰谷时段切换不正确、异常响声、电表表体损坏。

4．故障处理原则

如停电，派发抢修单，由抢修人员现场确认，采取连续供电措施；如不停电，如存在触电安全隐患，派抢修单，由抢修人员现场处理；如不存在触电安全隐患，派发非抢修单。

《供电营业规则》第五十七条规定：供用电设备计划检修应做到统一安排。供电设备计划检修时，对 35 千伏及以上电压供电的用户的停电次数，每年不应超过一次；对 10 千伏供电的用户，每年不应超过三次。

第六十条规定：供电企业应根据电力系统情况和电力负荷的重要性，编制事故限电序位方案，并报电力管理部门审批或备案后执行。

第六十七条规定：除因故中止供电外，供电企业需对用户停止供电时，应按下列程序办理停电手续：

应将停电的用户、原因、时间报本单位负责人批准。批准权限和程序由省电网经营企业制定；

在停电前三天至七天内，将停电通知书送达用户，对重要用户的停电，应将停电通知书报送同级电力管理部门；

在停电前30分钟，将停电时间再通知用户一次，方可在通知规定时间实施停电。

第六十八条规定：因故需要中止供电时，供电企业应按下列要求事先通知用户或进行公告：

因供电设施计划检修需要停电时，应提前七天通知用户或进行公告；

因供电设施临时检修需要停止供电时，应当提前24小时通知重要用户或进行公告；

发供电系统发生故障需要停电、限电或者计划限、停电时，供电企业应按确定的限电序位进行停电或限电。但限电序位应事前公告用户。

第六十九条规定：引起停电或限电的原因消除后，供电企业应在三日内恢复供电。不能在三日内恢复供电的，供电企业应向用户说明原因。

《国家电网公司供电服务“十项承诺”》规定：提供24小时电力故障报修服务，供电抢修人员到达现场的时间一般不超过：城区范围45分钟；农村地区90分钟；特殊边远地区2小时。

5．故障报修的产权划分

公用低压线路供电的，以供电接户线用户端最后支持物为分界点，支持物属供电企业。

（1）10千伏及以下公用高压线路供电的，以用户厂界外或配电室前的第一断路器或第一支持物为分界点，第一断路器或第一支持物属供电企业。

（2）35千伏及以上公用高压线路供电的，以用户厂界外或用户变电站外第一基电杆为分界点，第一基电杆属供电企业。

（3）采用电缆供电的，本着便于维护管理的原则，分界点由供电企业与用户协商确定。

（4）产权属于用户且由用户运行维护的线路，以公用线路分支杆或专用线路接引的公用变电站外第一基电杆为分界点，专用线路第一基电杆属用户。

在电气上的具体分界点，由供用双方协商确定。

【练习1】单选·对低压照明用户供电电压允许偏差值是（　　）。

A. ±10%　　B. ±5.5%　　C. +7%，−10%　　D. +10%，−7%

【练习2】单选·下列属于居民内部故障的选项是（　　）。

A. 家中插座短路　　B. 电表烧坏　　C. 表前线路断线　　D. 一栋楼停电

【练习3】单选·关于抢修责任分界点规定：公用低压线路供电的以供电接户线用户端的（　）为分界点，（　）属供电企业。

A. 第一支持物　　B. 最后支持物　　C. 熔断器　　D. 断路器

第三节　故障报修的流程

一、故障报修工单处理步骤及注意事项

1．详细记录

客户故障报修的用电地址、用电区域、客户姓名、客户户号、联系方式。

2．详细询问

故障情况，引导客户说出关键内容，初步判断故障原因及类型。

询问客户是公变还是专变供电，左右邻居是否有电，确定停电范围是单户还是多户。

仅一户停电，邻居均有电：请有证电工进行检查，先检查电表下方的空气开关（刀闸）进线端子是否有电，若有电，再检查接触是否良好，接线是否松动，出线刀闸内保险丝是否完好等，判断属于内部故障则故障办结。若无法确定可以保修。除了内部故障外，欠费也是单户停电的常见原因。因此再给单户停电的客户报修之前，首先要排除内部故障与欠费情况，才能够报修（流程见图13–3）。

【思考3】填写故障报修时，应详细记录客户的哪些信息？

用电地址、用电区域、客户姓名、客户户号、联系方式。

欠费停电报修流程讲解：

通过客户编号查询客户是否有欠费情况，若欠费且符合停电标准，建议客户尽快缴清电费缴清电费，24小时内给其恢复供电；若欠费，但不符合停电标准，则选择报修；如果客户未欠费且排除了内部故障的情况则给客户派报修工单。

【思考4】如果客户之前欠费，现已缴清电费，仍处理停电状态，报修吗？

这种情况不属于故障，派单类型应选择服务申请业务（欠费停电报修流程见图13–3）。

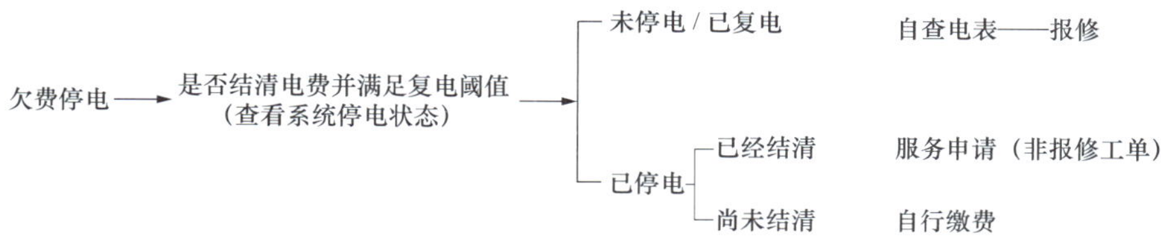

图13–3　欠费停电报修流程

左右邻居均停电：有可能是计划停电或故障停电，若是故障停电，则向客户问清故障点和故障现象，查询停电信息与故障报修信息，如有相关停电信息，关联此条停电信息编号后故障办结；若有故障报修，关联此条故障报修工单编号，向客户解释后故障办结。若上述两种情况皆无，则在确定产权后给客户报修多户停电（流程见图 13–4）。

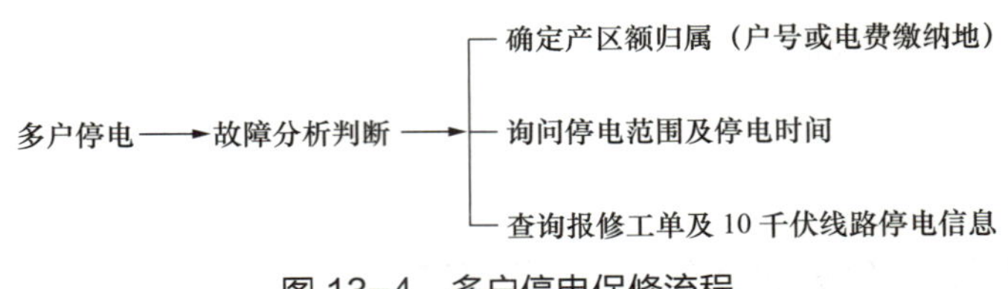

图 13–4　多户停电保修流程

特殊的专变客户停电，检查跌落保险是否熔断，高低压开关是否自动跳开。

3．判断属于供电企业维修范围故障或无法判断故障原因

要详细记录客户的姓名、电话、地址，根据客户故障报修信息，快速、准确填写故障报修单。

4．属于客户内部故障时

客服代表向客户说明供用电双方产权维护责任，请客户自行找社会有资质的电工处理。若客户无法自行排除故障并请求帮助时，供电企业可提供有偿服务（部分省市提供有偿服务）并按上述要求填写故障报修工单。

二、特殊类型的故障报修

紧急消缺：

国网客服中心受理客户紧急非抢修类业务，在受理客户诉求时应详细记录客户户号、用电地址、用户姓名、联系方式、故障现象、客户感知等信息。“紧急非抢修类业务”是指客户反映情况较为紧急，且不属于故障报修范畴，但是需要按照故障报修处理的业务。如：有电力井盖遗失 / 严重破损，已危及行人、车辆安全等情况。

第四节　疑难问题处理

1．客户抱怨为何故障停电未能提前通知

做法：安抚客户情绪，主动告诉客户故障类型、原因等信息。

话术：故障停电给您带来的不便十分抱歉，但因突发性故障无法预计，所以供电公司无法提前通知客户，还请您理解。抢修人员正在现场全力抢修，抢修完毕会立即送电，请您耐心等待。

2．客户来电反映未见到抢修人员，对“正在抢修”表示质疑

做法：安抚客户情绪，告知客户故障点可能不在人群密集的地方，得到客户理解。

话术：抢修人员正在努力巡查故障，具体的故障点可能不在您的视线范围内，但请您相信，工作人员正在全力抢修，一旦抢修完毕会立刻送电，十分抱歉给您的生活带来不便。

3．客户抱怨突发故障长时间未修复，强烈要求客户代表告知具体复电时间，如何处理？

做法：安抚客户情绪，告知客户故障类型及原因。

本章内容依据文件：《国家电网有限公司 95598 客户服务业务管理办法》。

学习笔记

学习笔记

第十四章

95598 业务分类

——咨询、服务申请

第十四章知识点详解

知识背景

咨询业务与服务申请业务是 95598 业务分类中的两项，其中包含关于服务信息的查询、业务办理的咨询、电力常识的问询，以及开展现场配合工作的需求等，客服专员应落实“首问负责制”，可立即办结的业务应直接答复客户并办结工单；不能立即办结的业务，派发至责任单位处理。哪些问题可以办结？哪些诉求可以受理并配合客户处理？本课程将进行详细的介绍。

培训目标

（1）了解业务咨询的定义及分类。

（2）了解服务申请业务的定义及分类。

（3）掌握咨询业务与服务申请业务的受理规范。

第一节　业务咨询

一、业务咨询的定义

业务咨询是指客户对各类供电服务信息、业务办理情况、电力常识等问题的业务询问。咨询内容主要包括计量装置、停电信息、电费抄核收、用电业务、用户信息、法规制度、服务渠道、新兴业务、电网改造、企业信息、用电常识、特色业务等。

二、咨询办结的定义

咨询办结是指客服专员可以在线解答问题，不需要将客户的诉求下派处理。例如客户咨询上月电费、客户查询附近供电营业厅位置等，这类诉求从客户发起，至客服专员结束的处理过程就是办结。

三、业务咨询分类解析

业务咨询下属共 14 个一级分类，91 个二级分类：

1．计量装置

（1）电表校验：客户咨询电表校验受理范围、流程、周期、合格标准、鉴定场所地址或联系方式、提供资料、鉴定结果获取方式，以及对校验结果存有异议后续处理方式等相关问题。

（2）计量表计：客户咨询各类表计类型、使用方法及功能、显示信息含义、铭牌信息、使用注意事项等相关问题。

（3）表箱、互感器及开关：客户咨询表箱、计量互感器及开关的型号、功能、安装标准、产权归属等相关问题。

（4）其他二级分类还包括：负控装置、计量装置赔偿、计量装置轮换及改造、用电采集等。

2．停电信息

（1）计划停电信息：客户咨询（查询）计划停电范围、时间、原因等相关问题。

（2）停电信息发布渠道：客户咨询（查询）停电信息发布渠道、方式、周期等相关问题。

（3）其他二级分类：故障停电信息、临时停电信息、有序用电信息、超电网供电能力停限电。

【练习1】多选·下列关于客户咨询停电事宜的描述，哪个可以咨询办结？（　）

A. 客户咨询今天的计划停电几点结束

B. 客户咨询下周的计划停电信息

C. 客户咨询查询计划停电的方式

D. 客户咨询现在的故障停电原因

3．电费抄核收

（1）电价政策：客户咨询电价标准、依据、适用范围、功率因数、基本电费收取等相关问题。

（2）抄表收费：客户咨询抄表周期、例日、方式，交费时限、渠道及办理手续、地址，电费催交时间、方式、流程及违约金收取标准等相关问题。

（3）电费发票：客户咨询电费发票内容（含附加费）、获取途径、遗失补办、增值税发票办理手续及流程等相关问题。

（4）其他二级分类：电费退补、预购电、电费账单、欠费停复电。

4．用电业务

（1）居民新装增容：客户咨询居民新装、增容用电业务所需提供资料、业务流程、办理时限、业务办理进度等相关问题。

（2）变更用电：客户咨询除新装、增容用电业务以外其他业务（含更名过户、暂停减容、移表迁址等）所需提供资料、业务流程、办理时限等相关问题。

（3）业务收费：客户咨询用电业务所需交纳业务费（含居住区配套、临时用电费、高可靠性供电费、负控费、赔表费、复电费、过户费、迁移费等）标准、依据、发票等相关问题。

（4）其他二级分类：非居民新装增容、居住区配套工程。

5．用户信息

（1）基本档案信息：客户查询用户编号、电表编号、电压等级、计量表计、代扣信息等相关信息。

（2）用户密码：客户咨询用电密码初始化或重置服务等相关信息。

（3）诉求处理进度：客户咨询之前反映问题（非故障报修类）的处理进度或处理结果等相关信息。

（4）其他二级分类：供电电源、电量电费及违约金。

【知识延伸】

客户查询用户基本信息时，客服专员应通过开放式问题与客户核对用户姓名、客户编号等客户档案信息，在核实客户身份后方可向客户提供查询服务。对于客户信息要确保安全，避免发生客户信息泄露事件，档案信息不可提供查询服务。

用电信息包括：客户编号、电量电费、抄表信息、供电变压器、供电线路、供电电压、合同容量、表计信息等。

档案信息包括：客户名称、联系地址、账务联系人电话、银行账号、证件类型、证件号码等。

【练习 2】单选 · 下列关于客户咨询用电相关事宜的描述，哪个不可以咨询办结？（　　）

A. 客户咨询办理居民新装需提供的资料

B. 客户咨询供电合同的容量

C. 客户咨询之前反映建议事件的处理结果

D. 客户反映办理迁移手续费用高不合理

6．法律法规

法律法规的二级分类包括：电力法规、对外服务承诺、赔偿标准、政策文件。

7．服务渠道

（1）供电营业厅：客户咨询供电营业厅服务范围、服务内容、营业时间、联系方式、地址及交通方式、24 小时自助售电终端位置等相关问题。

（2）95598 供电服务热线：客户咨询 95598 供电服务热线服务范围、服务内容、IVR 导航内容、热线收费标准、联系传真等相关问题。

（3）95598 智能互动网站：客户咨询 95598 智能互动网站服务内容、服务功能、操作方法等相关问题。

（4）手机 APP：客户咨询手机 APP 服务功能、服务范围、操作方法等相关问题。

（5）微信公众号：客户咨询微信服务功能、服务范围、操作方法等相关问题。

（6）其他二级分类：短信服务、第三方服务渠道。

8．新兴业务

（1）电 e 宝交费业务：客户咨询电 e 宝中电费及业务费交费、井井通交费、企业集团交费、交费签约及代扣、充值卡业务相关操作流程、信息查询、订单详情等内容。

（2）电 e 宝公共服务：客户咨询电 e 宝支付密码、电子发票、居民及企业账单等操作流程、信息查询等内容。

（3）分布式电源：客户咨询分布式电源相关事项，主要包括分布式电源（含光伏、风能、小水电等）业务办理、上网电价和电费结算等相关政策信息。

（4）其他二级分类：特高压、电能替代、电子商城、大客户直接交易、电 e 宝账户资产、电 e 宝金融业务。

9．电网改造

电网改造的二级分类包括：农网改造、城网改造、移杆改线。

10．企业信息

企业信息的二级分类包括：供电区域、地址信息。

11．用电常识

用电常识的二级分类包括：安全用电、触电急救、节约用电、电磁辐射。

12．特色业务

特色业务的二级分类包括：重要客户认定、路灯业务、窃电、违约用电举报奖励、电力资质、有偿服务。

13．异常来电

（1）无声来电：客户来电因异常原因造成客户端通话无声的情况。

（2）异常来电—通话中断：客户来电因信号或网络中断等非客服代表人为原因造成电话中断的情况。

（3）异常来电—内部诉求：客户反映针对 95598 客服代表的投诉、举报、意见、建议、表扬业务等情况。

（4）异常来电—诉求撤销：客户要求撤销之前反映的诉求。

（5）异常来电—非供电业务：客户诉求非供电公司管理、受理范围的情况。

（6）其他二级分类：骚扰来电、客户误拨、拨测电话、系统问题、电话外呼。

【练习 3】单选·下列关于异常来电的二级分类，哪个需要回拨客户？（　　）

A. 诉求撤销　　B. 拨测电话　　C. 通话中断　　D. 骚扰来电

【练习 4】多选·下列关于客户信息的关键词哪些不可以提供查询服务？（　　）

A. 银行账号　　B. 证件号码　　C. 供电电压

D. 客户编号　　E. 联系地址　　F. 电量电费

G. 联系电话　　H. 客户名称　　I. 电表编号

14．充电业务

充电业务的二级分类包括：充电桩使用方法、充电桩状态查询、充电桩位置查询、充电设备类型、充电站投运、充电设施接入、充电电价、电费发票、充电退费、充电支付结算、充电卡业务、政策法规、车联网电子渠道服务、车联网营业厅服务、车联网充值方式、车联网分时租赁、充电车辆损坏核损。

第二节　服务申请

一、服务申请的定义

服务申请业务是指客户向供电企业提出协助、配合或需要开展现场服务的诉求业务。

客服专员在受理客户服务申请类诉求时，应详细记录客户信息、反映内容、联系方式、是否需要回访等信息，根据客户反映的内容及性质，准确选择业务类型与处理单位，生成服务申请工单。客户挂断电话后 20 分钟内完成工单派发。

二、服务申请分类解析

服务申请下属共 5 个一级分类，26 个二级分类：

1．用电信息变更

用电信息变更包括客户联系方式调整、定量定比调整和用电密码重置三个分类。

2．用电异常核实

（1）电表数据异常：受理客户反映抄表数据、测算电费与历史数据比较存在较大差异，或引起电量突增、突减，要求核实的业务诉求，远程抄表（含远采、集抄等方式）客户提出的零电量诉求，经核实，三个月以内抄表周期无电量产生，未用电产生电费问题，不能证明为供电公司差错的情况。

（2）交费差错更正：受理因客户原因或第三方（银行、支付宝、电费充值卡、微信第三方缴费网点）责任造成客户交费差错，协助电费退回的业务。

（3）电能表异常：受理客户反映电能表出现潜动、表快、死机、报警、不走字、显示异常、怀疑接错线等，要求处理的业务诉求。

（4）校验电表：受理客户申请对电能计量装置进行校验的业务诉求。

【练习 5】单选·下列关于抄表问题的描述，可以派发服务申请—电能表异常的是（　　）。

A. 客户反映电表显示异常背光灯常亮

B. 客户反映本月抄表电量比上月多了 400 度不正常

C. 客户反映电费太多，认为电表走得快，要求验表

D. 客户反映工作人员抄错表数了，把 7146 写成了 7746。

（5）电器损坏核损：受理客户反映因供电企业供电质量问题引起客户设备损坏的业务诉求。

（6）服务平台系统异常：客户反映因供电公司电子渠道（网站、网上国网、微信公众号等）系统异常问题影响客户业务办理的业务诉求，包括电子渠道显示数据信息与实际不符，电量电费显示异常，电子发票显示异常等。

3．用电服务需求

（1）欠费复电登记：受理客户交清欠费后要求恢复供电的业务诉求。

（2）客户侧用电需求配合：受理客户需要供电企业配合客户侧施工断开供电电源、打开或封闭供用电双方计费电能表表箱进行处理、核实停电范围、核实地下电缆走向、提出变更智能交费方式等业务诉求。

（3）其他二级分类：居民客户应急送电、低压业扩报装预受理、电费账单寄送、发电车租用申请、电力短信、网上国网业务催办、电 e 宝支付业务、电 e 宝电费充值卡、电 e 宝积分业务、电 e 宝账户操作业务。

4．预约业务

（1）预约抄表：受理客户未到抄表例日，因出租、出售等原因要求配合抄表的业务诉求。

（2）媒体采访预约：受理新闻媒体采访预约的业务诉求。

（3）低压业扩报装预受理：客户低压新装业扩报装业务（适用于开展此项业务的省份）。

5．生产类非紧急业务

（1）电力施工后废弃清理及路面恢复：受理客户反映电力施工结束后，现场仍有废弃物或破损路面未及时恢复。

（2）其他二级分类：供电企业供电设施消缺、路灯报修登记。

【练习 6】**单选·下列关于电力施工后废弃物清理及路面恢复的描述，可以派发服务申请的是（　）。**

A. 客户首次致电反映电力施工后路面未恢复，影响小区车辆出行

B. 客户反映电力施工后废弃物未清理，导致人员摔伤

C. 12345 来电反映有客户向其反映电力施工后路面未恢复，影响小区车辆出行

D. 以上都不对

三、服务申请各子类业务处理时限

国网客服中心受理客户服务申请诉求后，20 分钟内派发工单，省公司，地市、县供电企业

应在国网客服中心受理客户诉求后在规定时间内处理、答复客户并审核、反馈处理意见，国网客服中心应在接到回复工单后 1 个工作日内回访客户。服务申请各类业务处理时限要求：

（1）已结清欠费的复电登记业务 24 小时内回复送电，送电后 1 个工作日内回复工单。

（2）电器损坏业务 24 小时内到达故障现场核查，业务处理完毕后 1 个工作日内回复工单。

（3）电能表异常业务 4 个工作日内处理并回复工单。

（4）电表数据异常业务 4 个工作日内核实并回复工单。

（5）服务平台系统异常业务 3 个工作日内核实并回复工单。

（6）其他服务申请类业务 5 个工作日内处理完毕并回复工单。

本章内容依据文件：《国家电网有限公司 95598 客户服务业务管理办法》。

第十五章

95598 业务分类

——投诉、举报、意见、建议、表扬

第十五章知识点详解

知识背景

按照投诉、意见、举报、建议、表扬业务流程要求，理性、快速、准确地处理相关工单，为客户提供高品质的电话服务。

培训目标

（1）掌握五项业务包含的种类以及业务场景。

（2）熟记五项业务中各分类的受理方式以及重要注意事项。

（3）学会五项业务中各类细则业务的相关业务场景，派单时能够准确地选择相应分类。

第一节　投诉业务

供电服务投诉是指公司经营区域内（含控股、代管营业区）的电力客户，在供电服务、营业业务、停送电、供电质量、电网建设等方面，对由于供电企业责任导致其权益受损表达不满，在法定诉讼时效期限内要求维护其权益而提出的诉求业务（以下简称“客户投诉”）。

一、投诉的受理方式

国网客服中心受理客户投诉时，应初步了解客户投诉的原因，尽量缓和、化解矛盾，安抚客户，做好解释工作。若客户明确表示其权益受到损害，要详细记录客户所属区域、投诉人姓名、联系电话、投诉时间、客户投诉内容、是否要求回访等信息，根据客户反映的内容判断投诉级别，并尊重和满足投诉人保密要求。

在客户挂断电话后 20 分钟内完成工单填写、审核、派单。

投诉工单处理时限为：24 小时内联系客户，4 个工作日内答复处理意见，国网客服中心处理完毕后 1 个工作日内回访客户。

二、投诉的判定规则

1．客户选择投诉按键或在通话中明确表达不满，严重影响客户体验

客户选择投诉按键或在通话中明确表达不满，严重影响客户体验，且诉求内容符合《国家电网有限公司 95598 投诉业务受理判定要点》的，派发投诉工单。

（1）客户选择投诉按键是指客户在进入 95598 语音 IVR 后根据选单导航提示选择“投诉举报”。

（2）通话中明确表达不满、严重影响客户体验是指客户要求投诉或有诉求升级倾向。如，要投诉、要找领导、要去告你们、要上访、要走法律途径、索要上级电话、要向 12398（能源局、国务院）反映、要向市长热线反映、要曝光、要向新闻媒体反映等情况。

（3）客户在录音中明确要求“举报”，可判定为客户有投诉意愿。

（4）智能服务转人工的（按键类型：智能服务转人工），若智能语音机器人采录到客户表述“我要投诉”“我要举报”等各类转人工场景，可研判为客户有投诉意愿，客户明确表述投诉用电小助手情况除外。

（5）特殊场景投诉意愿判定：结合客户通话过程前后文意思，以通话中是否明确表达不满，严重影响客户体验或是否有诉求升级倾向判定。

2．触碰供电服务“十项承诺”、员工服务“十个不准”等红线问题

对于触碰供电服务“十项承诺”、员工服务“十个不准”等红线问题，无论客户是否有投诉意愿，派发投诉工单。涉及接受客户吃请和收受客户礼品、礼金、有价证券等客户诉求派发行风问题线索移交工单。

3．符合以下条件的客户诉求不派发投诉工单

（1）依据《国家电网有限公司95598客户服务八项业务分类》中投诉判定要点信息获取不完整，导致后续无法调查处理的客户投诉诉求。

（2）符合《国家电网有限公司95598特殊客户管理规范》规定范围内的客户诉求。

（3）符合《国家电网有限公司95598重要服务事项报备管理规范》规定范围内的客户诉求。

（4）公司确定推广的新业务和催缴费、打击窃电等职工维护企业利益过程中未导致客户利益受损的客户诉求。

（5）超过《中华人民共和国民法总则》民事权利诉求时效期限（目前为3年）的客户诉求。

（6）工作人员违反口头承诺的客户诉求（明确表示可以提供佐证材料除外）。

（7）客户匿名投诉。

【思考1】七个不派发投诉工单的客户诉求有哪些？（参考上述条件）

4．判别为同一停电事件导致的频繁停电投诉派发工单

PMS系统、供电服务指挥系统与95598业务支持系统贯通融合后，可通过95598业务支持系统判别为同一停电事件导致的频繁停电投诉，在已派发投诉工单的前提下，后续24小时内同一诉求按台区进行合并，派发意见工单并进行关联和标注。

三、投诉的分类以及对应概念

客户投诉包括服务投诉、营业投诉、停送电投诉、供电质量投诉、电网建设投诉五类。

（1）服务投诉。供电企业员工在工作场所或工作过程中服务行为不规范，公司服务渠道不畅通等引发的客户投诉，主要包括员工服务态度、服务行为规范（不含抢修、施工行为规范）、窗口营业时间、服务项目、服务设施、省公司自主运营电子渠道服务平台管理等方面。

（2）营业投诉。供电企业在处理具体营业业务过程中存在工作超时限、疏忽、差错等引发的客户投诉，主要包括业扩报装、用电变更、抄表催费、电费电价、电能计量、业务收费、充电业务等方面。

（3）停送电投诉。供电企业在停送电管理、现场抢修服务等过程中发生服务差错引发的客户投诉，主要包括停送电信息公告、停电计划执行、抢修质量（含抢修行为规范）、增值服务等方面。

（4）供电质量投诉。供电企业向客户输送的电能存在电压偏差、频率偏差、电压不平衡、电压波动或闪变等供电质量问题，影响客户正常生产生活秩序引发的客户投诉，主要包括电压质量、供电可靠性、供电频率等方面。

（5）电网建设投诉。供电企业在电网建设（含施工行为）过程中存在供电设施改造不彻底、电力施工不规范等问题引发的客户投诉，主要包括供电设施安全、供电能力、农网改造、施工人员服务态度及规范、施工现场恢复等方面。

四、投诉重点业务释义

1．营业厅人员服务态度类投诉

（1）业务场景：客户反映到营业厅办理业务时（含电话服务），营业厅人员服务态度涉及言语、肢体行为，对客户诉求表现不耐烦，对客户诉求不回应、不搭理，对客户冷言冷语，使用不礼貌、不文明用语回复客户，服务中存在搪塞、推诿行为，威胁、侮辱客户，与客户争吵、谩骂。

（2）判定要点：

1）确认为国网公司营业厅。通过知识库确认是国网营业厅，或客户表示有国网公司标识及铭牌。

2）确认为营业厅工作人员。确认是为客户提供用电服务、与客户发生服务接触的工作人员。

3）确认为工作时间内或工作过程中。

4）确认出现服务态度差行为。涉及言语、肢体行为，对客户诉求表现不耐烦，对客户诉求不回应、不搭理，对客户冷言冷语，使用不礼貌、不文明用语回复客户，服务中存在搪塞、推诿行为，威胁、侮辱客户，与客户争吵、谩骂。

5）确认符合事件时限。客户权利被侵害 3 个月以内，或被侵害 3 个月及以上客户可以提供证据的。

【练习 1】单选·客户反映，供电公司营业厅工作人员在工作中对其诉求爱搭不理，态度冷漠，应派发（　　）。

A. 投诉—服务投诉—服务行为—营业厅人员服务规范

B. 投诉—服务投诉—服务行为—营业厅人员服务态度

C. 投诉—服务投诉—服务行为—抄催人员服务态度

D. 投诉—服务投诉—服务行为—用电检查人员服务态度

2．用电检查人员服务规范类投诉（红线）

（1）业务场景：用电检查人员（含电话服务）人员饮酒及酒后上岗，不执行首问负责制、泄露客户信息、投诉工单未在24小时内联系客户。

（2）判定要点如下。

1）确认为供电公司客户。确认为供电公司客户。客户能主动提供户号，或客服专员能通过户名、地址、表号等反查到户号，或确认电费交给供电公司。

2）确认属于用电检查人员或从事用电检查工作。从事客户端安全设备检查、查处窃电及违约用电、追补电费、安全保供电、家电赔偿。（供电所外勤人员根据工作内容确定人员类别性质）

3）确认出现服务违规行为。工作时间饮酒及酒后上岗、不执行首问负责制、泄露客户信息、投诉工单后未在24小时内联系客户。

3．欠费停电类投诉

（1）业务场景：客户反映供电公司在欠费停复电过程中停错电、未按规定停电，缴费后未按规定及时复电等违反业务处理规定的问题。

1）【红线】非智能交费客户反映欠费停电前未按规定通知客户。

2）【非红线】客户反映收到错误欠费停电通知，导致其被停电。

3）【红线】客户反映欠费被停电，在被停电后交纳了电费，但供电公司未在24小时内给客户恢复供电。

（2）判定要点（非智能交费客户反映欠费停电前未按规定通知客户）如下：

1）确认能提供户号。客户能主动提供户号，或客服专员能通过户名、地址、表号等反查到户号。

2）确认未按规定通知。客户为非智能交费客户，欠费停电前未提前7天通知客户，且系统中无停电通知。

3）确认已经被停电。通过系统查询确认，客户确已被执行欠费停电。

（3）判定要点（客户反映收到错误欠费停电通知，导致其被停电）如下：

1）确认客户有投诉意愿。

2）确认为供电公司客户。客户能主动提供户号，或能通过户名、地址、表号反查到户号，或确认电费交给供电公司。

3）确认停错电。确认供电公司执行欠费停电时出错。

（4）判定要点（非智能交费客户反映欠费停电前未按规定通知客户）如下：

1）确认能提供户号。客户能主动提供户号，或客服专员能通过户名、地址、表号等反查到户号。

2）确认客户为欠费停电且电费结清超过 24 小时。通过系统查询等确认客户确为欠费被停电且电费结清已满 24 小时，如果是费控客户需满足结清后余额大于复电阈值。

3）确定供电公司未恢复供电。通过系统中费控指令执行情况 / 继电器状态等内容，确认供电公司尚未给客户恢复供电。如系统无召测结果，以客户表述为准。

4）确定客户非需要手工复电客户。通过系统中内容、业务知识库知识点、客户电表类型等内容确认客户不属于远程费控下发指令需手工复电客户。

【练习 2】**单选·客户反映供电公司在给客户欠费停电前未按规定通知客户，但未明确要求投诉，应派发（　）。**

A. 投诉—营业投诉—抄表催费—欠费停复电

B. 服务申请—欠费复电登记

C. 故障报修

D. 咨询办结

4．表计线路接错

（1）业务场景：客户反映供电公司在安装、置换、轮换表计及配套计量互感器等设备时，电能表接线错误。

（2）判定要点如下：

1）确认客户有投诉意愿。

2）确认为供电公司客户。客户能主动提供户号，或能通过户名、地址、表号反查到户号，或确认电费交给供电公司。

3）确认接线错误。出现 A 拉闸后其他家停电的现象，或者出现 A 用电未产生电费且 B 未用电产生电费现象，或已请有资质电工或物业水电工等相关人员检查确认。

【练习 3】**单选·下列哪个判定要点不是派发投诉—表计线路接错的必要条件（　）。**

A. 客户有投诉意愿

B. 客户表示出现 A 拉闸后其他家停电的现象

C. 客户表示出现 A 用电未产生电费

D. 客户表示已请有资质电工或物业电工等相关人员检查确认

5．频繁停电类投诉

（1）业务场景：客户反映供电公司产权区域经常停电问题，近 2 个月内停电次数达到 3 次及以上。

（2）判定要点如下。

1）确认客户有投诉意愿。

2）确认为供电公司客户。客户能主动提供户号，或能通过户名、地址、表号反查到户号，或确认电费交给供电公司。

3）确认近 2 个月内停电次数达到 3 次及以上。①通过用采系统掉电记录查询停电次数（一天内允许三次三分钟内的闪停）；②客户表述清晰停电次数；③客户描述模糊，通过标准话术询问客户停电次数；④核减次数：属地单位按照公司营销部重要服务事项报备范畴的停电事件，省公司向中心开放用电采集系统经查询属于内部故障的。

4）确认是否有同一台区投诉。系统能够识别的，24 小时内同一台区已有频繁停电投诉的派发意见，并关联已派发投诉工单。

（3）关于频繁停电的重点内容。

频繁停电参考话术：

a. 为了更好地帮您核实，请提供一下您的户号、表号。

b. 请问能否提供一下您的户名、地址？

c. 请问您说的几次停电大概是在什么时候？/ 请问您近 2 个月停了几次电？

【练习 4】单选・下列哪个不是不派发投诉—频繁停电工单的条件？（　　）

A. 有投诉意愿

B. 客户必须为电力客户

C. 近 2 个月停电 3 次及以上

D. 24 小时内无同一台区的频繁停电的投诉

第二节　举报业务

一、举报的业务场景以及分类

举报指客户对供电企业内部存在的徇私舞弊、吃拿卡要等行为或外部人员存在的窃电、破坏和偷窃电力设施等违法行为进行检举的诉求业务。

主要包括行风问题线索移交、窃电、违约用电、破坏和偷盗电力设施等。

二、举报的受理方式

国网客服中心受理客户举报业务诉求后，20 分钟内派发工单。省、市、县公司应在国网客服中心受理客户诉求后 9 个工作日内处理、答复客户、审核并反馈结果，举报工单国网客服中心应在接到回复工单后 1 个工作日内回访客户。在客户挂断电话后 20 分钟内完成工单填写、审核、派单。

举报工单处理时限为：十个工作日内答复客户处理结果。

三、举报重点业务释义

1. 接受礼品礼盒、接受吃请类举报（行风问题线索移交）

业务场景：客户反映供电公司工作人员接受可能影响公正执行公务的宴请或者旅游、健身、娱乐等活动安排；本人、亲属或指定代理人接受可能影响公正执行公务的礼品、礼盒、消费卡的问题。

2. 以权谋私类举报（行风问题线索移交）

业务场景：客户反映供电企业工作人员利用职位便利，通过同业经营或关联交易为本人或特定关系人谋取利益，为亲友从事经营活动提供便利条件的问题。

3. 公车私用类举报（行风问题线索移交）

业务场景：客户反映供电公司工作人员公车私用等违反公务用车管理规定的行为。

4. 损公私肥类举报（行风问题线索移交）

业务场景：客户反映供电公司工作人员利用职权或职务上的影响，贪污、侵吞、窃取、骗取或以其他手段非法占有企业财物的问题。

【思考 2】若客户表述过程中既涉及投诉业务又涉及举报类业务，怎样派发工单？

四、匿名保密受理原则

保密、回访标记操作步骤如图 15-1 所示。

（1）是否匿名。根据客户意愿选择是否匿名。对于举报人特别强调不提供个人信息的，“是否匿名”选择“是”，需向客户说明匿名后不能进行回访，则国网客服中心、省客户服务中心及市、县公司业务处理部门均不会看到客户信息。否则“是否匿名”选择“否”。（注：“是否匿名”选择“是”后，则系统默认不回访）

（2）是否保密。根据客户要求选择公开或保密。若“是否保密”选择“是”，则省客户服务中心和市、县公司业务处理部门不会看到客户信息。

（3）是否回访。根据客户意愿选择是否需要回访的对应选项，如客户需要，则选择“是”；如客户表示只是反映该问题，并不需要知道结果，选择“否”。

（4）关联工单。如客户不要求保密，需关联与本事件相关工单。如要求保密，则要按照保密工单仅能关联保密工单，匿名工单仅能关联匿名工单操作，防止客户信息泄露。

（5）客户同一通电话中提出其他无需保密诉求的，应重开受理页面另派工单，不得关联录音或记录工单编号，但需在受理内容内记录“匿名保密诉求中非保密部分诉求”。

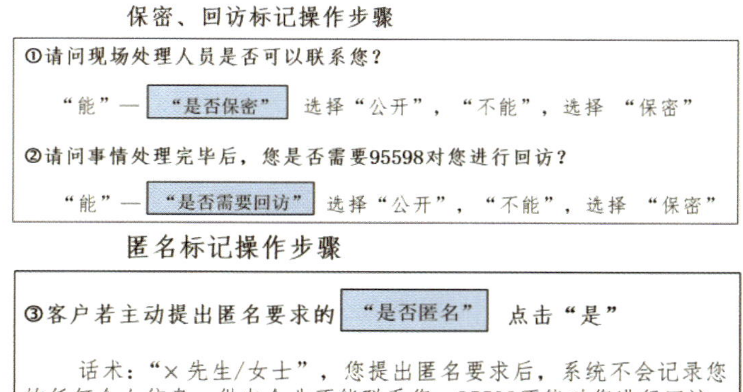

图 15-1　保密回访标记操作步骤

【练习 5】单选・客户要求匿名保密，（已采取匿名操作）则下列做法不对的是（　　）。

A. 可以关联匿名工单　　B. 可以关联同一电话的工单

C. 现场人员无法联系客户　　D. 95598 无法回访

第三节　意见业务

一、意见的业务场景以及分类

意见指客户对公司在供电服务、供电业务、停送电问题、供电质量问题、电网建设、充电服务、电 e 宝业务等方面存在不满而提出的诉求业务。

主要包括供电服务、供电业务及电网建设等。

二、意见的受理方式

国网客服中心受理客户意见业务诉求后，20分钟内派发工单。省、市、县公司应在国网客服中心受理客户诉求后9个工作日内处理、答复客户、审核并反馈结果，意见工单国网客服中心应在接到回复工单后1个工作日内回复客户。

意见工单处理时限为：十个工作日内答复客户处理结果。

三、意见重点业务释义

1．家用电器损坏类意见

业务场景：客户反映因供电公司电压高、电压低、电压不稳、突然停电等供电质量问题，导致客户电视机、冰箱等家用电器损坏，客户对供电公司的赔偿方案（规章制度、赔偿标准、赔偿金额等）不满意，家用电器损坏赔偿时限、赔偿方案等提出异议。

2．营业厅服务类意见

（1）业务场景（无投诉意愿转派意见）。

1）营业厅对外公示的服务项目、服务时间与实际提供的不符。

2）公示营业厅可以提供互联网查询业务，但营业厅无连接互联网的计算机，无法提供此类服务。

3）营业厅人员服务过程中未唱收唱付，未正确引导客户办理相关业务、承诺未兑现、营业厅人员在电话服务过程中无故挂断电话等服务问题。

（2）业务场景（实际场景）。

1）客户反映营业厅设施没有达到要求或存在问题的情况。

2）客户对营业厅工作人员因非工作原因发生的行为表示不满，如停车问题等。

3）客户对营业厅及人员服务态度和行为规范有投诉意愿，但客户权利被侵害起3个月以上客户无证据提供。

3．电子渠道服务类意见

（1）业务场景（无投诉意愿转派意见）。

省公司自主运营的电子渠道服务平台对外公示的信息查询、充电缴费等服务项目、服务时间与实际提供的不符。

（2）业务场景（实际场景）。

客户反映微信公众号、网上国网APP等电子渠道无法使用、访问速度慢、运行不稳定、服务信息更新不及时等问题。

4．错发 / 未收到短信类意见

（1）业务场景（无投诉意愿转派意见）。

客户反映收到电费提醒短信、交费成功短信、阶梯电价提醒短信、停电通知短信、催费或电费通知短信等，客户表示之前已拨打 95598 热线反映取消短信，并已取消成功，近期又收到相同类型短信。

（2）业务场景（实际场景）。

客户反映电力短信发送错误，收到非客户短信。客户已申请变更电力短信接收人或电话号码，但仍收到电力短信的情况。

5．银行代扣类意见

业务场景：客户反映通过银行代扣或电子渠道（支付宝、微信、掌上电力等）交费出现问题，需要核实。

6．供电设备位置类意见

业务场景：客户反映供电企业产权的电力设施（如电表、表箱、变压器、电线杆、电线等）安装位置不合理影响日常生活。

【练习 6】单选 · 下列情况哪一个不是派发意见—电子渠道服务的场景（　）。

A. 访问速度慢　　B. 运行不稳定

C. 服务信息更新不及时　　D. 电子渠道人员回复不及时

第四节　建议业务

一、建议的业务场景以及分类

建议指客户对供电企业在电网建设、服务质量、营业业务等方面提出积极的、正面的有利于供电企业自身发展的诉求业务。

主要包括电网建设、服务质量、营业业务、其他建议。

二、建议的受理方式

国网客服中心应详细记录客户信息、反映内容、联系方式、是否需要回访等信息，根据客户反映的内容及性质，准确选择业务类型与处理单位，生成建议工单。客户挂断电话后20分钟内完成工单审核，并派发至各省客服中心。

建议工单处理时限为：十个工作日内答复客户处理结果。

三、建议重点业务释义

1．服务渠道类建议

业务场景：客户对供电公司服务渠道提出的改进建议。工单派为“建议—营业业务—服务渠道”。

2．电价电费类建议

业务场景：客户对供电公司电价电费业务提出的改进建议。工单派为“建议—营业业务—电价电费”。

【思考3】客户来电反映营业厅提出改进建议，派发什么工单？

第五节　表扬业务

一、表扬的业务场景以及分类

表扬是客户对供电企业在供电服务、行风建设、电网建设等方面提出的表扬请求业务。主要包括供电服务、行风建设、电网建设、其他等。

二、表扬的受理方式

国网客服中心应详细记录客户信息、反映内容、联系方式等信息，准确选择业务类型与处理部门，生成表扬工单。客户挂断电话后20分钟内派发至各省客服中心。

表扬工单处理时限为：表扬类工单无回访。

【练习7】多选·下列哪类业务的回复时限不是10个工作日（　）。

A. 投诉　　B. 意见　　C. 举报　　D. 表扬

三、表扬重点业务释义

1. 供电服务类表扬

业务场景：客户对供电企业优质服务提出的表扬。

解释：对人员的表扬选择此类。

2. 行风建设类表扬

业务场景：客户对供电企业行风建设提出的表扬。

解释：对事、物的表扬选择此类。

【思考4】客户来电表扬95598的客服人员，派发什么工单？

本章内容依据文件：《国家电网有限公司95598客户服务业务管理办法》。

学习笔记

第十六章

业务支持系统

第十六章知识点详解

知识背景

95598 业务支持系统作为国家电网营销信息化系统的重要组成部分，它的应用不仅为客户提供了优质的营销业务受理电话服务，也最大限度地提高了客户满意度。对客服专员来说，良好的系统操作习惯与熟练的系统操作能力至关重要。

教学目标

（1）了解 95598 业务支持系统的结构与分类。

（2）熟悉 95598 业务支持系统中各类工作模块的功能及特点。

（3）掌握 95598 业务支持系统的基本使用方法。

95598 业务支持系统介绍

一、登录界面介绍

第一步：打开 IE 浏览器，输入业务支持系统网址，或在收藏夹中选择 95598 业务支持系统，如图 16–1 所示。

图 16–1　业务支持系统首页

第二步：输入个人业务支持系统账号、密码及验证码（见图 16–2）。

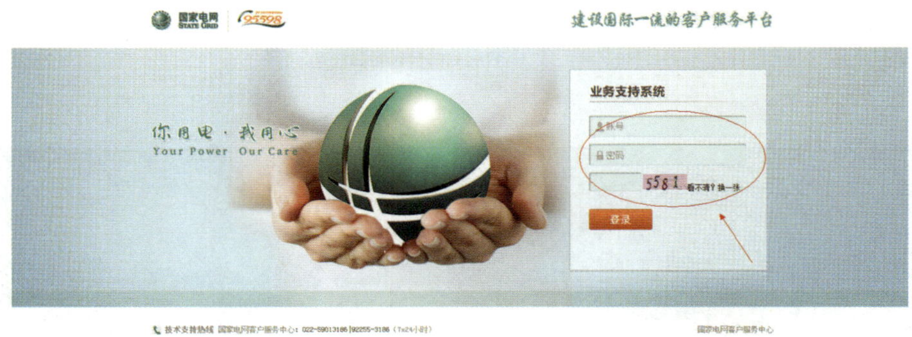

图 16–2　输入业务支持系统账号、密码及验证码

【练习1】多选·业务支持系统的登录界面需要输入哪些内容（　）?

A. 账号　　B. 密码　　C. 验证码　　D. 姓名

二、欢迎界面介绍

首页显示的主要内容包括欢迎界面、软式电话区域、选单栏区域、功能导航区域、欢迎首页、个人信息、内容操作区域等（见图 16-3）。

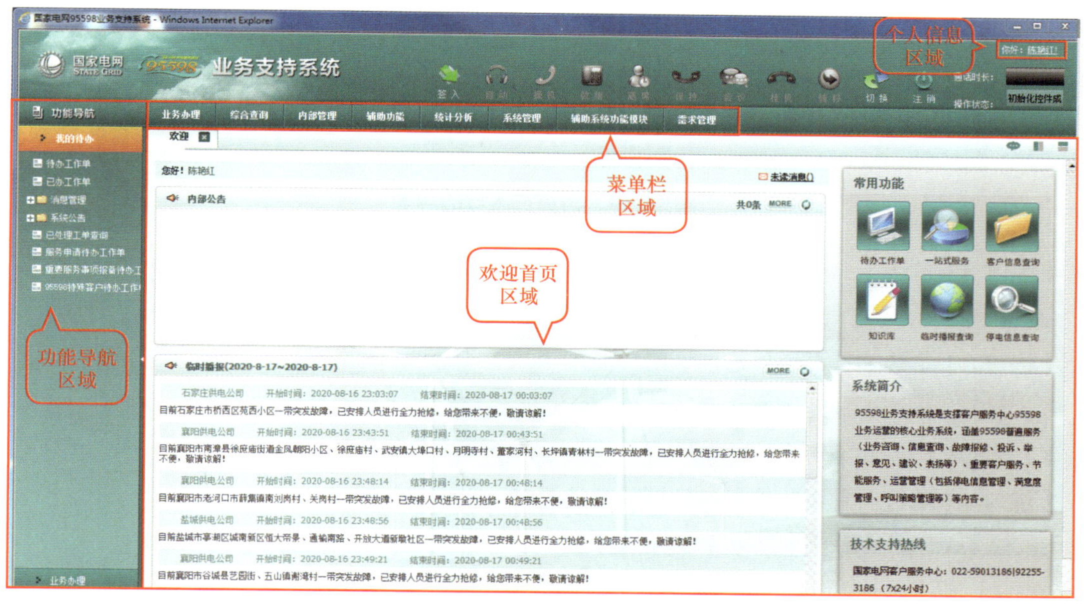

图 16-3　首页显示

（1）选单栏区域：实现各个选单 Tab 页（图 16-3 首页显示）之间的切换；

（2）功能导航区域：体现各功能选单之间的从属关系，点击选单项可展现内容操作界面；

（3）欢迎首页：展现系统常用功能的快捷查询、系统简介、内部公告和临时播报等功能；

（4）个人信息：可以查看工作人员的个人信息。

首页各区域的功能如图 16-4 所示。

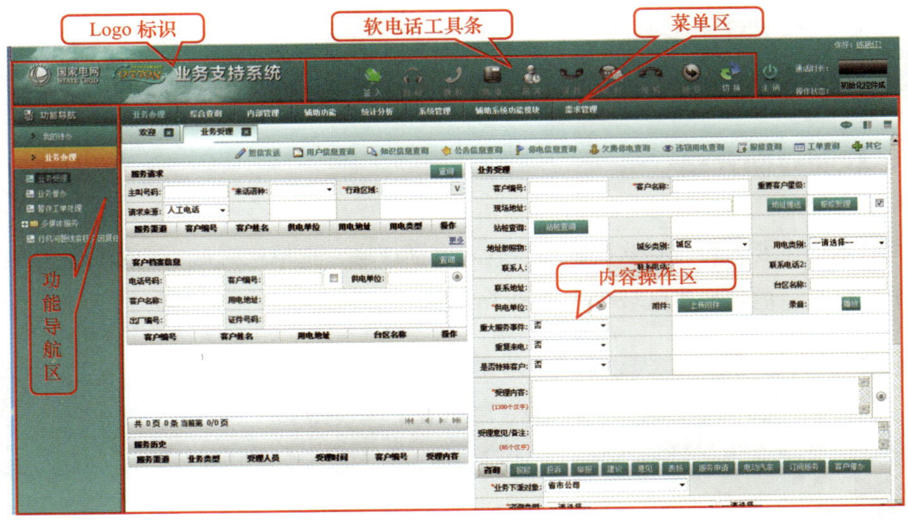

图 16-4　首页各区域的功能

【练习 2】多选·业务支持系统的首页显示的主要内容包括（　）。

A. 软式电话区域　B. 选单栏区域　C. 功能导航区域　D. 座席个人信息

【练习 3】单选·首页选单栏区域的功能是（　）。

A. 体现各功能选单之间的从属关系　B. 实现各个选单 Tab 页之间的切换

C. 展现系统常用功能的快捷查询　D. 可以查看工作人员的个人信息

【练习 4】单选·首页功能导航区域的功能是（　）。

A. 体现各功能选单之间的从属关系

B. 可以查看工作人员的个人信息

C. 体现各功能选单之间的从属关系，点击选单项可展现内容操作界面

D. 实现各个选单 Tab 页之间的切换

三、系统功能区介绍

软电话工作条件功能概述如表 16-1 所示。

表 16-1　软电话工作条件功能概述

序号	软电话按键	按键功能
1	签入	签入 95598 系统，客服专员进入工作岗位
2	签出	签出系统
3	就绪	进入电话接入就绪状态
4	离席	客服专员可申请离席休息，批准成功后，进入未就绪状态（离席键变成灰色后方可离开工位）

续表

序号	软电话按键	按键功能
5	保持	通话过程中点击后，客户听到音乐，听不到话务人员讲话
6	取回	保持状态下恢复被保持的通话
7	转移	将电话转给其他客服专员
8	挂机	通话结束后点击此键，电话挂断
9	切换	切换系统 A/B 平台
10	注销	注销退出系统

【练习 5】单选·签入的功能是（　）。

A. 签入 95598 系统，客服专员进入工作岗位

B. 进入电话接入就绪状态

C. 保持状态下恢复被保持的通话

D. 将电话转给其他客服专员

【练习 6】单选·就绪的功能是（　）。

A. 客服专员可申请离席休息，批准成功后，进入未就绪状态

B. 签入 95598 系统，客服专员进入工作岗位

C. 保持状态下恢复被保持的通话

D. 进入电话接入就绪状态

四、信息查询

查询方法：业务办理—业务受理—用户信息查询—客户基本信息查询。

第一步：打开业务受理界面，如图 16–5 所示。

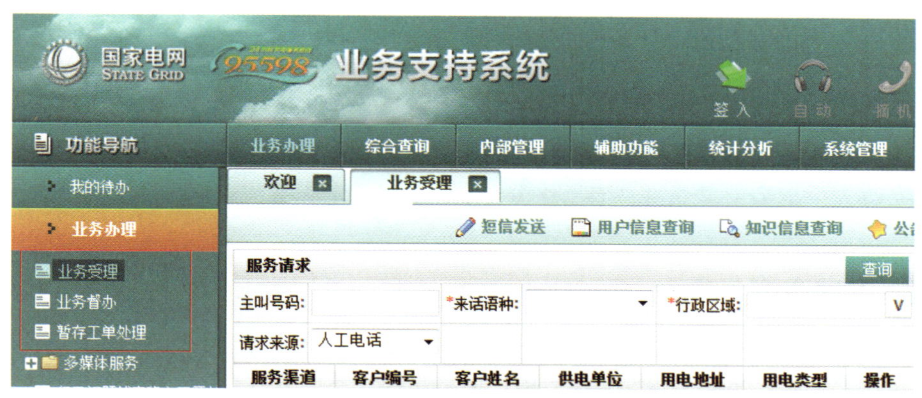

图 16–5　业务受理界面

第二步：点击用户信息查询，如图 16–6 所示。

图 16–6　用户信息查询

第三步：点击客户基本信息查询，如图 16–7 所示。

图 16–7　客户基本信息查询

【练习 7】单选 · 客户基本信息的查询方法是（　）。

A. 业务受理—用户信息查询—客户基本信息查询

B. 业务办理—我的待办—用户信息查询—客户基本信息查询

C. 业务办理—综合查询—用户信息查询—客户基本信息查询

D. 业务办理—业务受理—用户信息查询—客户基本信息查询

五、电费查询

查询方法：业务办理—业务受理—用户信息查询—客户电费 / 缴费信息查询。

第一步：打开业务受理界面，如图 16–5 所示。

第二步：点击用户信息查询，如图 16–6 所示。

第三步：点击客户电费 / 缴费信息查询，如图 16–8 所示。

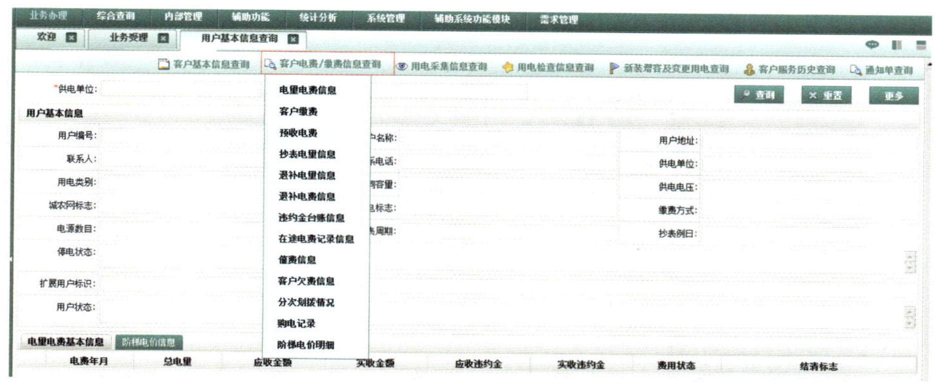

图 16–8　客户电费 / 缴费信息查询

【练习 8】单选・电费查询方法是（　　）。

A. 业务办理—业务受理—用户信息查询—客户电费 / 缴费信息查询

B. 业务办理—综合查询—用户信息查询—客户电费 / 缴费信息查询

C. 业务办理—业务受理—业务督办—客户电费 / 缴费信息查询

D. 业务办理—业务受理—客户基本信息查询—客户电费 / 缴费信息查询

六、工单查询

查询方法 1：业务办理—业务受理—服务历史（见图 16–9）。

第一步：打开业务受理界面。

第二步：查看服务历史。

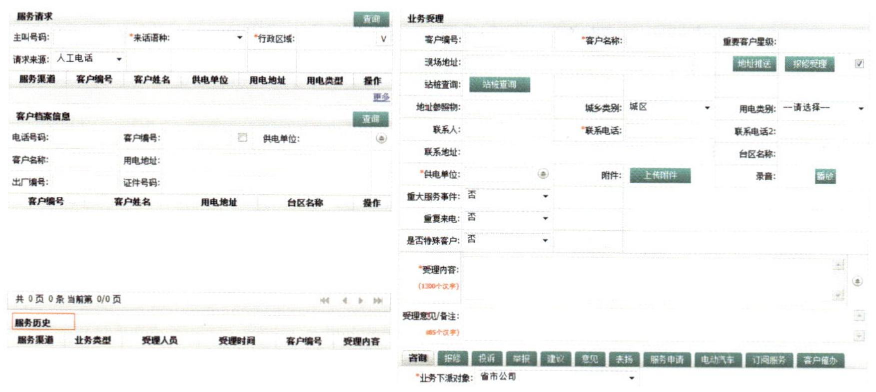

图 16–9　服务历史查询

查询方法 2：

综合查询—×× 查询。

第一步：点击 ×× 查询，如图 16–10 所示。

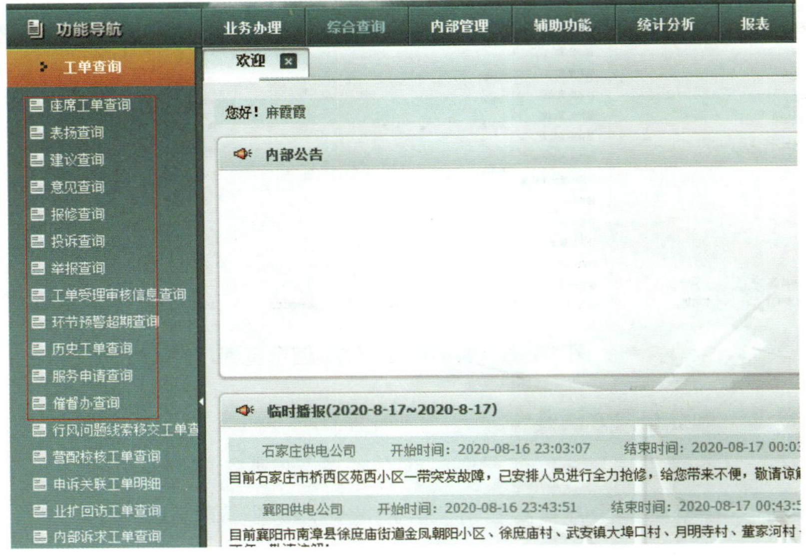

图 16–10　XX 查询

第二步：根据客户关键信息查询工单，常见的关键信息有：客户编号与电话号码（见图 16–11）。

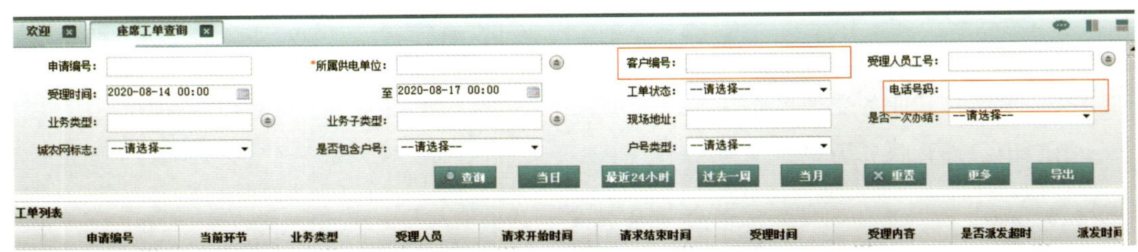

图 16–11　客户关键信息查询（客户编号、电话号码）

【练习 9】多选 · 工单查询方法是（　）。

A. 业务办理—工单查询—服务历史

B. 业务办理—业务受理—服务历史

C. 综合查询—工单查询—坐席工单查询

D. 综合查询—×× 查询

七、停电信息查询

第一步：综合查询—信息查询—停电信息查询，如图 16–12 所示。

图 16–12　停电信息查询

第二步：根据客户关键信息查询工单，常见的关键信息有：停电时间与停电范围（见图 16–13）。

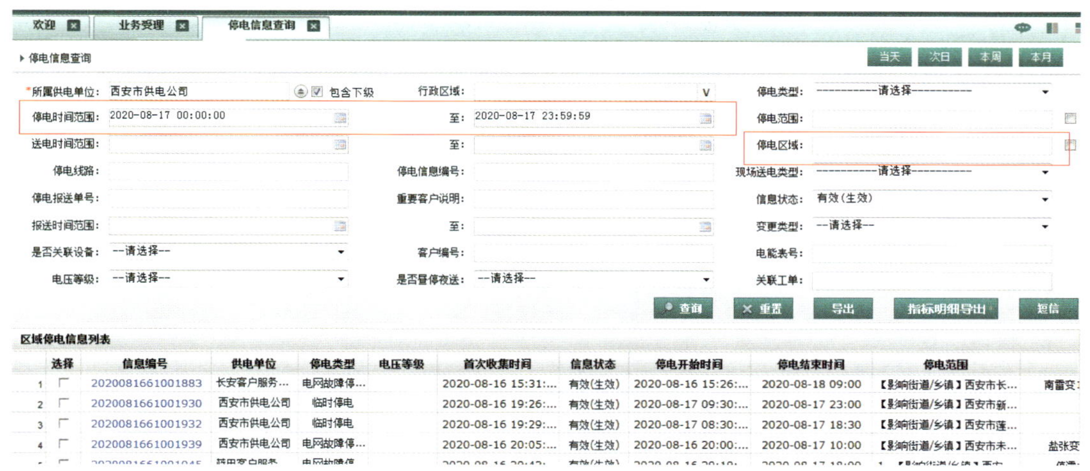

图 16–13　客户关键信息查询（停电时间与停电范围）

八、异常录音查询

查询方法：综合查询—录音查询—异常录音查询。

第一步：点击综合查询，选择录音查询—异常录音查询，如图 16–14 所示。

图 16-14　异常录音查询

第二步：输入受理人员工号进行查询（见图 16-15）。

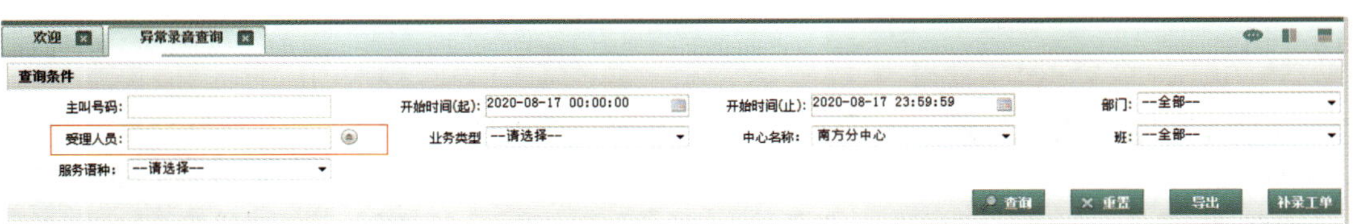

图 16-15　输入受理员工号

【练习 10】单选・异常录音查询方法是（　）。

A. 业务办理—录音查询—异常录音查询

B. 综合查询—录音查询—异常录音查询

C. 辅助功能—录音查询—异常录音查询

D. 综合查询—座席工单查询—异常录音查询

学习笔记

第十七章

工单填写

知识背景

工单填写是客户服务流程中的重要环节，包括客户信息的获取、客户诉求的记录，派发单位的选择，以及关联工单的操作，所以准确记录、高效传递，是客服专员的必备技能。本课程帮助客服专员掌握各类工单填写的标准和规范。

教学目标

（1）了解工单填写的标准。

（2）掌握工单填写的要点。

（3）演示工单填写的全过程。

第一节　客户基本信息填写规范

一、服务请求信息

1．客户来电识别

识别规则：自动获取客户来电号码，与数据库中客户预留号码信息进行比对，比对成功后，系统可自动获取户号信息。

在客户识别区根据主叫号码，通过系统自动获取客户编号、客户名称、用电地址和重要客户星级等信息，并自动导入到业务受理界面的客户信息内容（见图 17–1）。

未能自动获取信息的，根据客户编号、客户名称、用电地址等条件查询，需手动调用客户档案，并与客户核对相关信息。

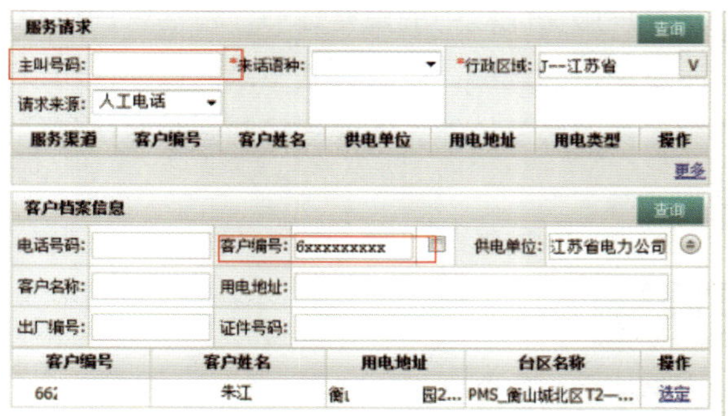

图 17–1　客户来电识别

2．行政区域识别

与客户核对信息后，根据客户地址等信息正确选择或更改行政区域，客户信息精确定位到户或区时，行政区域应定位到区、县级（见图 17–2）。

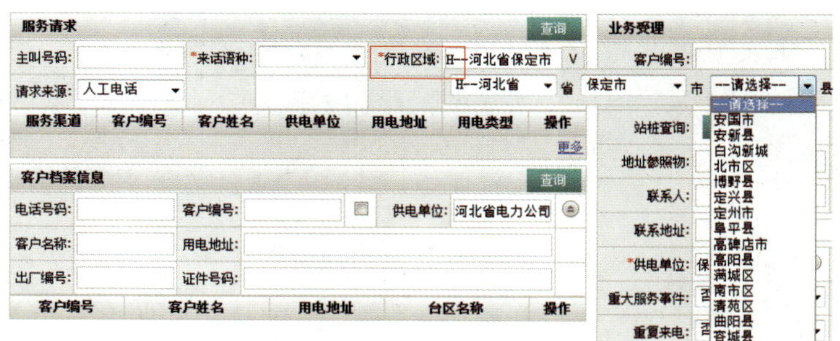

图 17–2　行政区域识别

3．服务历史识别

若客户有前次来电，系统可根据来电号码显示历史服务信息。点击展开服务历史工单，可快速查看客户信息及诉求。

二、客户基本信息

1．姓名填写

客户姓名是根据“客户编号”带入的系统默认姓名，如来电客户为非系统默认客户，或未提供“客户编号”，则需询问客户姓氏。客户仅提供姓氏的，填写 ×× 先生 / 女士，客户不愿意提供姓氏的，填写先生 / 女士。联系人则需根据客户名称填写 ×× 先生 / 女士（见图 17–3）。

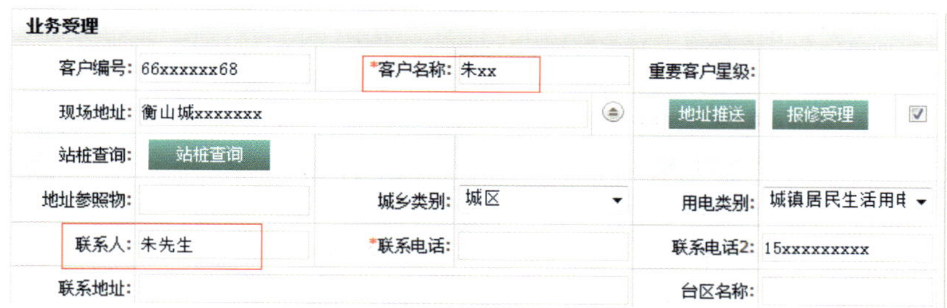

图 17–3　姓名填写

2．地址填写

地址填写界面如图 17–4 所示。

（1）现场地址。现场地址应根据客户描述，详细记录。城市地区地址可按“省—市—区（县）—街道—路（街）—号—小区—栋—单元—室”填写；农村地区可按“省—市—区（县）—镇（乡）—村（屯）—组（队）”。

（2）联系地址。联系地址需与现场地址保持一致。

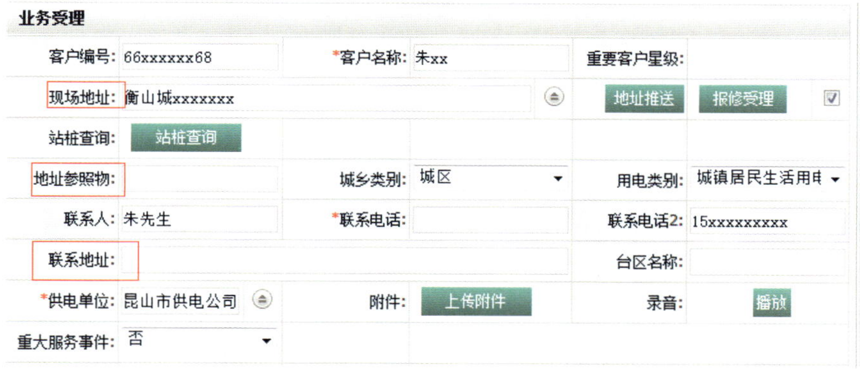

图 17–4　地址填写

（3）地址参照物。地址参照物是为了便于工作人员及时到达现场，如客户能提供，应填写地址的参照物。例如某大型或标志性建筑物旁、某单位附近等。

3．联系电话填写

联系电话必须与客户确认后方可填写，并请客户尽量提供手机号码。

4．城农网标志选择

城农网标志包括“城乡类别”“城农网标志”“故障区域分类”三处，客服专员需根据以下情况进行选择。

（1）提供客户编号。根据客户提供的客户编号，系统自动识别“用电类别”“城乡类别”以及“故障区域分类”，客服专员需根据这三处显示的信息手动修改“城农网标志”，“城农网标志”系统自动默认为“用电”。例如“城乡类别”与“故障区域分类”系统显示“农村”，那么“城农网标志”则为“农电”（见图 17–5）。

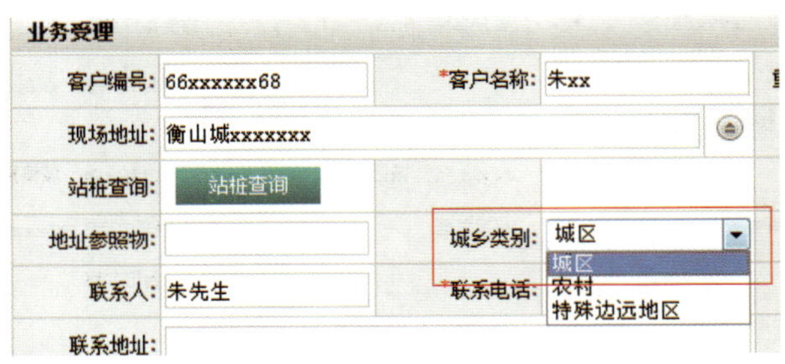

图 17–5　城农网标志

（2）无法提供客户编号。若客户无法提供客户编号，则根据客户提供的地址，查询知识库中知识点“抢修到达现场区域的时限”，根据知识库显示的城乡类别手动修改“城农网标志”，一般情况下，县级及以下选择“农网”，特殊地区的用电性质以知识库为准。

第二节　业务受理工单填写规范

故障报修工单填写规范如下：

1．受理内容

根据客户描述的停电现象，详细记录客户诉求，并根据工单模板选择对应的内容，例如“一户无电”。

2．受理意见及备注

此处填写工单需要附加说明的内容。

3．故障类型

提交的故障报修工单只需选择一级分类“故障类型— 低压故障”（见图 17–6）。办结的故障报修工单则需根据实际情况分类选择。

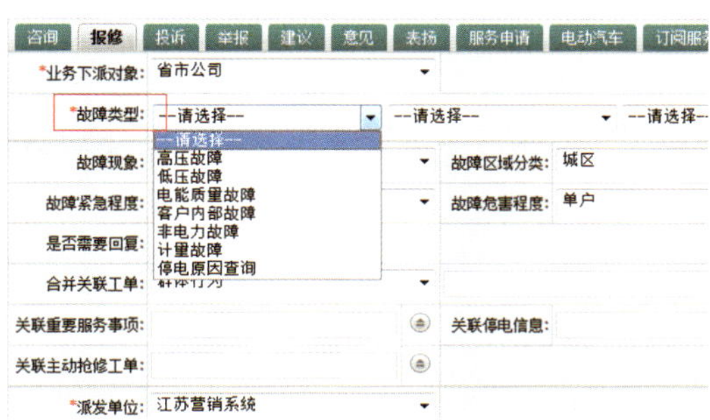

图 17–6　故障类型

4．故障现象

根据客户描述选择单户停电、电线冒火、大面积停电。

5．故障危害程度

根据客户描述选择单户、局部、大面积（见图 17–7）。

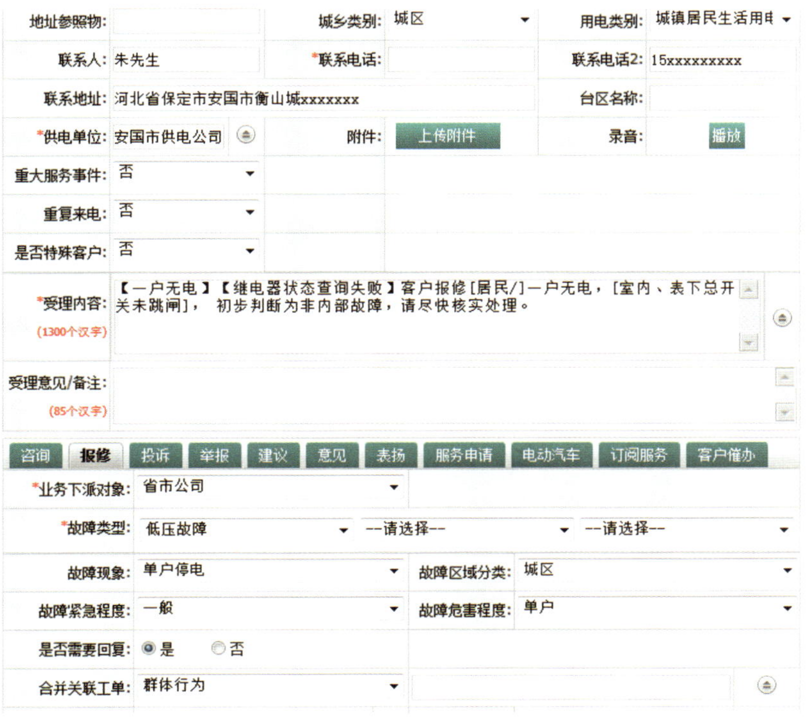

图 17–7　故障危害程度

【练习】居民客户于先生来电反映家中停电，客户编号为 0002868×××，联系电话为 135××××××××，经查询无欠费情况，并且内部线路均无故障，客服专员为其报修，如何填写抢修工单。

【思考】请根据故障报修工单填写规范，尝试填写一张咨询办结工单，内容为：居民客户王××来电咨询家中 2 月份电费，客服专员在线解答。客户编号为 0002868×××，联系电话为 13512980×××，地址为江苏省南京市鼓楼区颐和路××××××××。

本章内容依据文件：《国家电网公司 95598 业务工单填写手册（试行）》。

第十八章

智能知识库

第十八章知识点详解

知识背景

随着 95598 业务集中，客服专员需要掌握大量电力业务的共性及差异性知识。智能知识库是基于 95598 业务，从有关法律法规、政策文件、业务标准、技术规范中归纳、演绎、提炼形成的服务信息集成。智能知识库作为服务系统重要的后台支撑，将知识反馈到每个环节，从而形成整个行业知识学习、使用、更新、共享的良性循环，使信息和知识有序化。智能知识库系统为客服专员的知识调用提供了极大的帮助，也为提升服务质量和服务效率奠定了坚实的基础。

教学目标

（1）了解智能知识库的基本结构。

（2）熟悉智能知识库中各类工作模块的功能及特点。

（3）掌握智能知识库的基本使用方法。

第一节　登录与注销

一、登录

第一步：打开 95598 业务支持系统，在首页找到常用功能，点击知识库（见图 18–1）。

图 18–1　业务支持系统首页

第二步：输入用户名与密码，即可登录智能知识库（见图 18–2）。

图 18–2　输入用户名与密码

二、注销

第一步：在智能知识库首页找到个人（见图 18–3）。

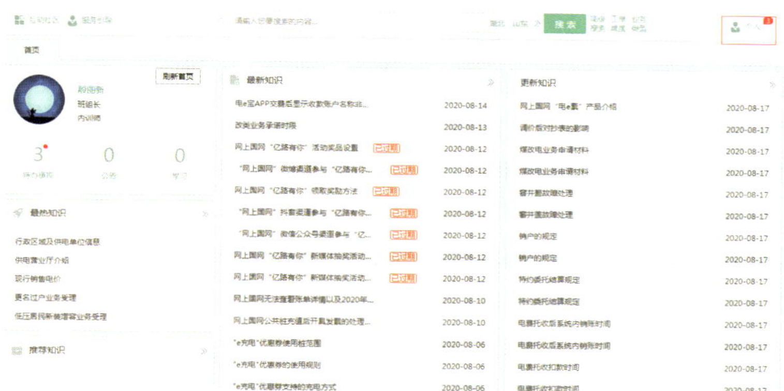

图 18-3　智能知识库首页

第二步：点击退出，即可注销系统（见图 18-4）。

图 18-4　注销系统

第二节　功能模块介绍

一、功能模块介绍

智能知识库主要分为顶部功能区、知识分类区、快捷功能区三大部分（见图 18-5）。

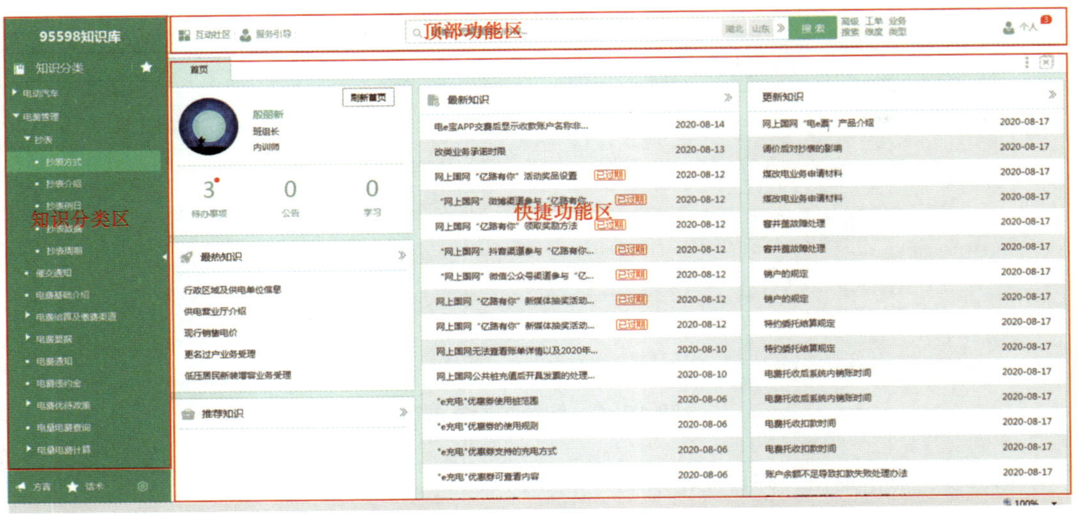

图 18–5　智能知识库中三大功能区

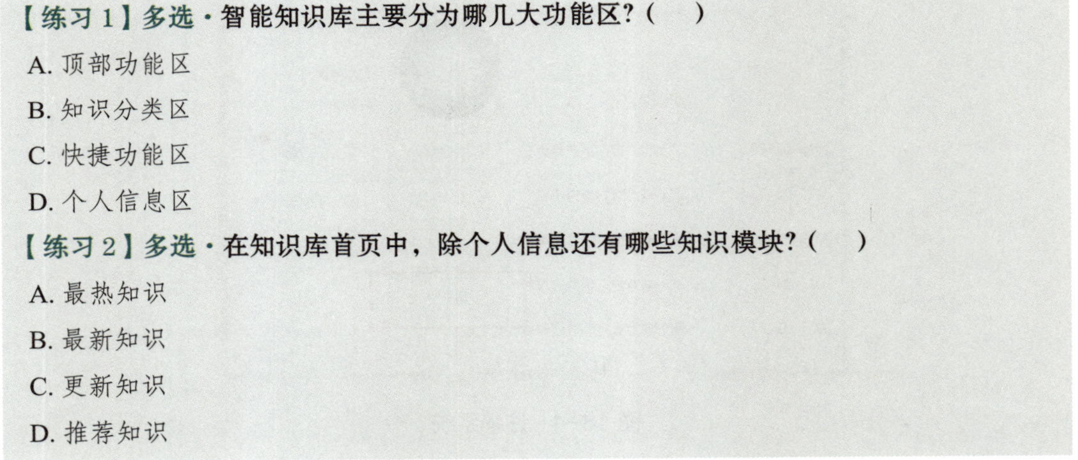

【练习 1】多选・智能知识库主要分为哪几大功能区?（　　）

A. 顶部功能区

B. 知识分类区

C. 快捷功能区

D. 个人信息区

【练习 2】多选・在知识库首页中，除个人信息还有哪些知识模块?（　　）

A. 最热知识

B. 最新知识

C. 更新知识

D. 推荐知识

二、知识分类区

知识分类区主要由“知识分类”和“我的收藏”两部分组成，其中“知识分类”中的内容会以侧滑的形式展现出来，列表显示其中的实例、文章、文档知识的名称。可以点击“名称”和“热度”切换列表中文章名的排序方式（见图 18–6）。

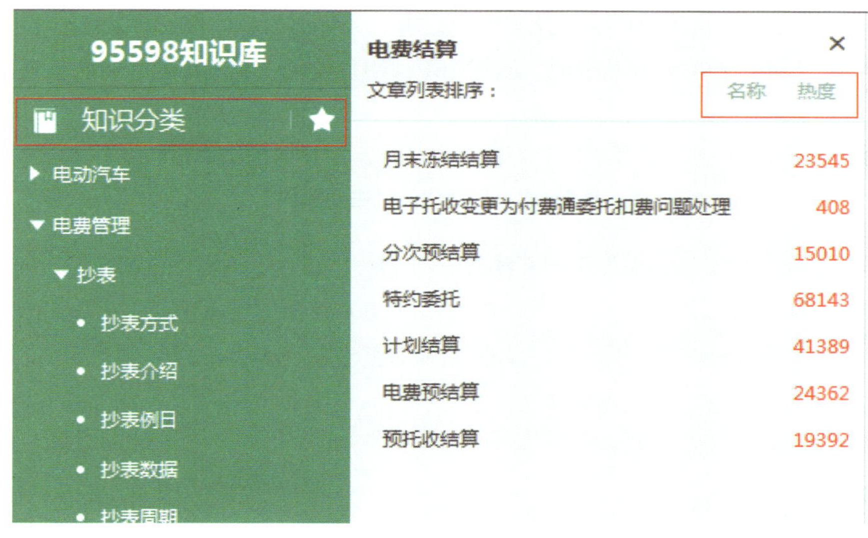

图 18-6　知识分类区

我的收藏中则可查询到自己收藏的知识与公告信息（见图 18-7）。

图 18-7　我的收藏

【练习 3】多选 · 知识分类区中的文章可以哪些方式进行排序？（　）

A. 点击量　　B. 修改时间　　C. 名称　　D. 热度

三、顶部功能区

顶部功能区主要的模块有：互动社区、服务引导、搜索 / 高级搜索与个人中心（见图 18-8），各模块的主要功能有：

互动社区：可进行提问或回答他人的难题。

服务引导：可查看客户常见问题的业务流程。

搜索 / 高级搜索：可简单或精准搜索客户诉求。

个人中心：可查看个人待办事项、推荐知识、用户设置、我的评论、行为轨迹。

图 18-8　顶部功能区主要模块

【练习 4】单选 · 知识库的操作手册在哪看？（　）

A. 个人—帮助中心　　B. 个人—用户设置

C. 个人—待办事项　　D. 顶部功能区—服务引导

【练习 5】单选 · 服务引导的功能是（　）。

A. 可进行提问或回答他人的难题

B. 可查看客户常见问题的业务流程

C. 可简单或精准搜索客户诉求

D. 可查看个人待办事项、推荐知识、用户设置、我的评论、行为轨迹

四、快捷功能区

快捷功能访问区分为七个区域：三个小功能卡片区、两个大功能卡片区和两个折叠功能卡片区（见图 18-9）。

图 18-9　快捷功能区

五、各模块的主要功能

1．个人信息

点击个人信息模块后，可查看待办事项、推荐知识、行为轨迹等，其中点击用户设置后，可对默认省份进行编辑（见图 18-10）。

图 18-10　个人信息

2．最热、推荐知识

最热知识展示的是知识库系统中点击量最高知识，推荐知识展示的是其他用户推荐给当前用户的知识（见图 18-11）。

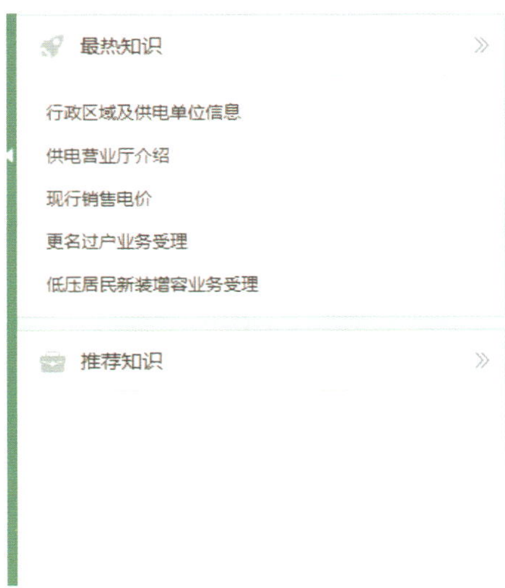

图 18-11　最热推荐知识

3. 最新、更新知识

最新知识展示的是知识库系统中最新添加的知识，更新知识展示的是知识库系统中最新修改的知识（见图 18–12）。

图 18–12　最新更新知识

4. 公告栏、快速链接

公告栏可查看收件箱中的公告信息，快速链接则可快速打开其他网页链接（见图 18–13）。

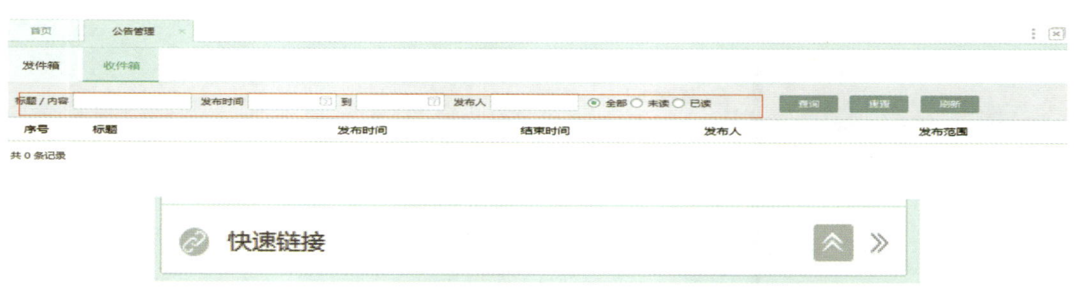

图 18–13　公告栏、快速链接

【练习 6】多选 · 个人信息模块中可进行以下哪些操作？（　）

A. 查看待办事项　　　　B. 查看推荐知识

C. 进行用户设置　　　　D. 编辑默认省份

【练习 7】单选·默认省份可最多设置几个地区（　）?

A. 3　　　　B. 4　　　　C. 5　　　　D. 6

第三节　搜索引擎

一、基础搜索

选择服务省公司，在搜索框中输入需要搜索的内容，可以是关键字或标准问，点击“搜索”。

选择“显示筛选”后将出现多种搜索筛选条件，用户可根据自身需求进行筛选（见图 18–14）。

图 18–14　基础搜索

【练习 8】单选·知识库的信息至多精确到哪一级?（　）

A. 省级　　　　B. 市级　　　　C. 区级　　　　D. 区域级

二、高级搜索

高级搜索入口包含“高级搜索”和“目录搜索”两个功能，高级搜索通过多种搜索方式进行搜索（见图 18–15）。目录搜索是对知识目录中进行搜索。

图 18–15　高级搜索

【练习 9】多选 · 高级搜索功能中可选的搜索条件有？（　）

A. 搜索结果

B. 知识类型

C. 知识时效

D. 知识目录

三、目录搜索

目录搜索的操作步骤：

第一步：点击“目录搜索”，输入“搜索内容”；

第二步：点击“搜索”，得到目录搜索的结果（见图 18–16）。

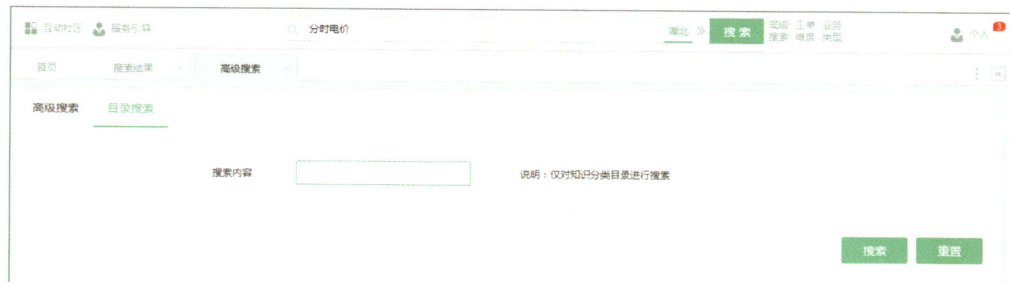
互动社区
服务引导
分时电价
湖北
搜索
高级搜索
工单填报
业务类型
个人
首页
搜索结果
高级搜索
高级搜索
目录搜索
搜索内容
说明：仅对知识分类目录进行搜索
搜索
重置

图 18-16　目录搜索

学习笔记

第十九章

客服专员常用指标介绍

第十九章知识点详解

知识背景

目前呼叫中心越来越趋向精细化、数字化管理，KPI 管理成为一种有效的管理手段。通常呼叫中心管理者通过分解运营目标制定各种常用指标，通过常用指标来引导客服专员行为，从而达到完成项目运营目标。

教学目标

帮助新员工了解常用指标的构成；理解常用指标对达成个人绩效目标和公司总体战略目标的积极影响；掌握提升常用指标的方法和技巧。

指标介绍

KPI的英文名字是Key Performance Indications，即指关键绩效指标，是把企业的战略目标分解为可运作的远景目标的工具，是企业绩效管理系统的基础。其中常用指标包括：人工服务接听量、平均呼入通话时长（秒）、平均案头时长（秒）、服务评价推送率、服务评价推送成功率、服务评价满意率等。

一、投诉举报制单率/非投诉举报制单率

制单率主要影响客服专员以及部门的工单派发指标。

计算公式为：

投诉举报制单率 =（1– 未制单的投诉举报人工服务接听电话数/投诉举报人工服务接听电话数）×100%

非投诉举报制单率 =（1– 未制单的非投诉举报人工服务接听电话数/非投诉举报人工服务接听电话数）×100%

【练习1】单选·投诉举报制单率 =1–（　　）。

A.（1– 投诉举报未制单数/投诉举报人工接听量）×100%

B.（1– 投诉举报未制单数/人工接听量）×100%

C.（1– 未制单的投诉举报人工服务接听电话数/投诉举报人工服务接听电话数）×100%

D. 投诉举报未制单数/人工接听量 ×100%

【思考1】客服专员接听电话时哪些场景下会产生投诉举报未制单数/非投诉举报未制单？

二、工单派发及时率

客服专员通话结束后，应在系统规定的时间内完成工单派发，否则将会影响自己和部门的工单派发及时率。

计算公式为：

工单派发及时率 = 派发工单及时数/派发工单总数 ×100%

【练习 2】多选 · **故障报修工单派发时限，投诉工单派发时限，催办工单派发时限分别为（　）。**

A. 2 分钟　　B. 5 分钟　　C. 20 分钟　　D. 10 分钟

【思考 2】为什么故障报修工单派发时限要求远远短于其他工单派发时限？

三、工单派发准确率

客服专员派发的工单应准确填写内容并正确选择供电单位，如未按要求填写或点选，可能会导致省公司退单情况的发生。

计算公式为：

工单派发准确率 =（1– 国网客服被退单数 / 国网客服派发工单总数）×100%

【练习 3】单选 · **工单派发准确率 =（　）。**

A. 退单数 / 人工接听量

B. 工单派发数 / 人工接听量

C.（1– 国网客服被退单数 / 国网客服派发工单总数）×100%

D. 工单派发数 / 派发工单总数

【思考 3】工单受理内容中哪些部分是我们需要重点关注以免退单的？

四、服务评价满意率

计算公式为：

服务评价满意率 =（评价满意的数量 + 评价非常满意的数量）/ 评价总数 ×100%

【练习 4】单选 · **服务评价满意率 =（　）。**

A.（评价满意的数量 + 评价非常满意的数量）/ 评价总数 ×100%

B. 满意数 / 评价数 ×100%

C. 不满意数 / 人工接听量 ×100%

D. 满意数 / 人工接听量 ×100%

【思考 4】如果你是客户，你会因为哪些原因对客服专员做出不满意的评价？如果客服专员想要提高自己的服务评价满意率，应从哪些方面入手？

五、服务评价推送成功率

计算公式为：

服务评价推送成功率 =［（主动挂机转 IVR 成功数量 + 短信推送成功数）/ 人工服务接听量］×100%

【练习 5】**单选·服务评价推送成功率 =（ ）。**

A. 推送成功数 / 推送数 ×100%

B.（1– 推送成功数 / 推送数）×100%

C.（1– 推送成功数 / 人工服务接听量）×100%

D.［（主动挂机转 IVR 成功数量 + 短信推送成功数）/ 人工服务接听量］×100%

六、客户诉求一次解决率

计算公式为：

客户诉求一次解决率 =（故障报修工单办结量 + 咨询工单办结量）/（咨询工单总量 + 故障报修工单总量）×100%

【练习 6】**单选·客户诉求一次解决率 =（ ）。**

A. 咨询工单办结量 / 咨询工单总量 ×100%

B. 咨询工单办结量 /（咨询工单总量 + 故障报修工单总量）×100%

C.（故障报修工单办结量 + 咨询工单办结量）/（咨询工单总量 + 故障报修工单总量）×100%

D. 故障报修工单办结量 /（咨询工单总量 + 故障报修工单总量）×100%

【思考 5】请问客户反映哪些问题是客服专员可以在线解答或处理的？

七、平均处理时长 AHT

平均处理时长是平均通话时长和平均案头时长的总和。

计算公式为：

$$平均通话时长 = \sum 人工服务的实际通话时长 / 人工服务总量$$

$$平均案头时长 = \sum 人工服务后的工单整理时长 / 人工服务总量$$

【练习 7】多选 · 平均处理时长 = (　　) + (　　)。

A. 平均通话时长　B. 平均案头时长　C. 平均置忙时长　D. 平均就绪时长

【思考 6】客服专员的通话时长是否越短越好？

【知识引申】"二八定律"

意大利经济学家巴莱多发现：在任何一组东西中，最重要的只占其中一小部分，约 20%。其中 80% 尽管是多数，却是次要的。在一个企业的价值创造过程中，也存在着"20/80"的规律。即 20% 的骨干人员创造企业 80% 的价值；而且在每一位员工身上"二八原理"同样适用，即 80% 的工作任务是由 20% 的关键行为完成的。因此，如果某一客服专员想要在相同的工作时间产生比其他人更高的绩效成绩，就必须抓住 20% 的关键行为，对之进行分析的衡量，这样就能抓住绩效评价的重心。

学习笔记

第二十章

质检标准

知识背景

为进一步加强国网客服中心服务质量管理，践行公司“以客户为中心、专业专注、持续改善”的核心价值观，学习 95598 服务质量管控体系，对不断提升客户体验，为客户提供优质服务都有着重要意义。

教学目标

（1）了解国网客户服务中心服务质量管理具体内容。
（2）掌握优质服务的具体流程。
（3）掌握 95598 服务过程中的注意事项。

第一节　客户体验类

一、总体录音评价维度

从提升客户体验出发，以积极主动满足客户期望为原则，制定客服专员总体录音评价维度，评价细则分为“超出客户期望、满足客户期望、未达到客户期望”三项。

二、优秀录音评价维度

从提升服务环节关键能力出发，以“倾听、传递、解决、感知”四个环节为评价项，制定客服专员优秀录音评价维度，重点评价客服专员快速把握客户诉求能力、与客户有效沟通能力、为客户提供解决方案能力和给客户带来良好体验能力，评价维度为“有 / 无”。

三、日常受理环节差错录音评价维度

从发现服务过程中的问题出发，以增强质量风险控制为目标，主要分为服务质量和工单质量两大类。

【案例】辽宁客户来电表示前期咨询疫情期间申请的新装业务何时能够装表接电，工作人员联系客户告知客户需要等待变压器及联系国资委，客户对于未得到准确答复不认可，客户因着急生产，电话接入时对地市人员强烈不满，客服专员详细询问客户具体情况，在客户表述过程中及时回应客户（如：“嗯、明白了、我想要这样帮助您”），做到事事有回应，同时能够快速理解客户诉求，站在客户角度考虑问题，帮助客户尽快解决，通话中客户情绪低落，客服专员及时关心客户，同时充分体现同理心，客户对客服专员表示高度认可，并且要求表扬客服专员。

第二节　服务质量类

服务质量指 95598 客服专员和电子客服专员为客户提供服务时应达到的质量标准，从业务能力、服务能力、服务态度三个方面开展评价。

一、业务能力

业务能力标准指熟练掌握业务知识，正确按业务流程操作，快速准确解答客户的业务问题。

（1）严重差错判定标准：违反业务管理办法中的工单受理要求，业务解答错误，不执行业务流程，诉求确认不完整。

（2）严重差错质检细则。

1）业务解答错误。

释义：与客户沟通中，未按照业务规范、知识库等标准答复客户，包括解答错误和未解答（针对同一业务的解答差错，若涉及工单派发问题参照5.2和5.3；在工单受理当日，系统中可查询到消缺记录的不计入此差错）。

【案例】客户孙先生来电反映营业厅人员服务态度差问题，应派投诉工单。当客户询问处理时限时，客服专员告知为10个工作日，根据《国家电网公司95598客户服务业务管理办法》规定，投诉工单应在24小时内与客户取得联系，5个工作日内答复处理结果，此情况属于严重差错。

2）不执行业务流程。

释义：完全未按照业务管理办法、知识库或业务规范等要求的流程或判定要点，受理客户诉求。例如抄表数据异常或一户停电等业务，完全未执行排查流程直接派发工单。

【案例】客户孙先生来电反映一户停电问题，应按照一户停电流程判断客户产权，排查欠费和内部故障情况，客服专员未按照流程受理，直接派发报修工单，此情况属于严重差错。

3）诉求确认不完整。

释义：未按照知识库、业务文件要求确认信息，导致客户诉求未确认完整，影响工单分类。

【案例】客户孙先生来电反映交纳业务费用后供电公司未向客户提供正规完整票据，此问题属于红线问题，应按照判定要点询问客户信息，客服专员未按照判定要点询问，直接派发意见工单，此情况属于严重差错。

（3）一般差错质检细则。

1）解答不严谨。

释义：未与客户进行需求确认就直接进行答复，有可能出现回答错误风险的。

2）受理不规范。

释义：未完全按照业务管理办法、知识库或业务规范等要求的流程或判定要点，受理客户诉求。

3）业务不熟练。

释义：未能及时在线为客户提供完整准确的解决方案，采取回电等其他处理方式；一通电话中出现单次超过 60 秒的等待；在线服务过程中，空闲间隔时间超过 1 分钟；出现让客户多次等待（3 次及以上）。

4）处理不灵活。

释义：在未违反标准规范的前提下，照本宣科、僵化教条，未采取客户易于接受或更好的处理方式。

二、服务能力

服务能力标准指服务过程规范，严格落实“首问负责制”，引导客户有效表述，主动安抚客户情绪，准确提供解决方案。严重差错判定标准：违反业务管理办法中的工单受理要求，业务解答错误，不执行业务流程，诉求确认不完整。

（1）严重差错判定标准。

违反《供电服务规范》中“通用服务规范”和“95598”客户服务热线服务规范的要求，服务不规范，服务意识不足。

（2）严重差错质检细则。

1）泄露客户信息。

释义：泄露客户信息指泄露客户档案信息，或涉及投诉、举报、行风线索问题移交（咨询转出、意见）等敏感业务，客服专员对非原号码来电或原账号接入的，泄露历史服务信息。

【案例】客户孙先生来电查询用户信息，客户提供户号和户名，要求客服专员告知其准确的地址，因地址信息属于档案信息，不能够告知客户，但客服专员查询到客户地址后将地址信息告知客户，此情况属于严重差错。

2）应办未办。

释义：一是答应帮客户办理但办错或未办，需要后续处理或承诺后续处理，但没有给予处理的。二是客户提出问题但未解决就断线，应回拨未回拨，如属以下情况不判定严重差错：①客服专员已按规范解答但客户不接受并主动挂机；②电话响一声客户方自行挂机或未提出供电诉求就要求客服专员回电的。三是客户对转接表示异议时，应继续服务未服务。

【案例】客户孙先生来电咨询新装用电所需材料，客服专员按照知识库中内容答复客户，并答应客户将所需材料编辑短信发送给客户，客服专员挂断电话后未给客户发送短信，此情况属于严重差错。

3）未执行首问负责制。

释义：推诿搪塞，可在线解答或服务等业务范围内的诉求，让客户自行解决或建议客户重新拨打 95598，业务规范明确规定的话术和流程除外。

【案例】客户孙先生来电反映停电问题，客服专员应按照报修流程询问引导客户，受理客户诉求，客服专员未受理客户诉求，直接让客户找营业厅解决，此情况属于严重差错。

4）冷场或恶意打断客户说话。

【案例】客户孙先生来电反映青苗赔偿问题，客户对于赔偿结果不认可，客服专员应耐心解释，受理客户诉求，但客服专员出现情绪波动，对于客户提出的问题，多次出现未回应客户的情况，通话中客户多次质疑“喂，你在听吗?”，此情况属于严重差错。

5）催挂电话或主动挂断客户电话。

释义：在客户未接受结束通话时，客服专员多次以结束语（3 次及以上）催挂电话；在客户未结束会话时，客服专员多次发送结束语（3 次及以上）。

【案例】客户孙先生来电反映触电赔偿相关问题，客服专员应按照前期回单内容答复客户，耐心解释，安抚客户情绪，但客服专员情绪出现波动，忽视客户诉求，一直在机械地表述“感谢您再次致电 95598，再见”，多达 5 次，此情况属于严重差错。

（3）一般差错质检细则。

1）用语不规范。

2）沟通不顺畅。

释义：未及时抓住沟通重点、掌握客户意图，表达方式机械生硬、专业术语使用过多，未适时安抚，多次打断客户说话（3 次及以上）。

三、服务态度

服务态度标准指服务过程从客户体验出发，积极、热情、耐心地给予解答。

（1）严重差错判定标准。

服务过程中出现与客户争吵、谩骂等态度恶劣的行为。

（2）严重差错质检细则。

服务态度问题。

释义：服务过程中使用不礼貌、不文明用语回复客户，威胁、侮辱、嘲讽、质问客户，出现与客户争吵、谩骂等态度恶劣的行为。

【案例】客户孙先生来电反映频繁停电问题，因家中停电，客户情绪激动，出现辱骂客服专员的情况，客服专员应安抚客户情绪，化解客户不满，解决客户问题，但客服专员未控制住情绪，使用不文明用语回复客户，此情况属于严重差错。

（3）一般差错质检细则。

态度不友好。

释义：接听电话时，应做到语言亲切、语气诚恳、语音清晰、语速适中、语调平和、言简意赅，出现与上述要求不符的服务态度瑕疵，但未达到服务态度严重差错。

第三节　工单质量类

工单质量指 95598 客服专员和电子客服专员在工单处置过程中应达到的质量标准，从工单填写、工单派发两个方面开展评价。

一、工单填写

工单填写标准指工单内容准确记录客户的姓名、地址、联系方式、回复（回访）要求等关键信息，详细记录客户诉求，语句通顺、描述清晰、内容完整。

（1）严重差错判定标准。

违反《国家电网有限公司 95598 客户服务业务管理办法》（以下简称“业务管理办法”）中的工单受理及填写要求，导致工单内容记录错误或者缺漏。

（2）严重差错质检细则。

1）派发工单中，客户信息采集记录错误或者缺漏。

释义：知识库、业务文件中要求记录的客户编号（充电卡号、“e 充电”账号、电 e 宝注册账号、“掌上电力”注册账号）、姓名、地址、联系方式记录错误。

【案例】客户孙先生来电反映错发短信问题，客服专员应派发意见工单处理，客户提供错发短信的户号 0000001234，客服专员在填写工单时将户号错误记录成 0000001243，此情况属于严重差错。

2）派发工单中，记录客户诉求时出现错误或者缺漏。

释义：工单内容与客户实际诉求完全不符；客户反映多个诉求，客服专员记录缺失；未记录特殊用电人群（如老人、小孩或病重人员）需用电的诉求；未记录有重大安全隐患、人员伤亡和重大服务事件隐患等舆情升级情况。

【案例】客户孙先生来电反映一户停电问题，客服专员按照一户停电流程受理客户诉求，通话中客户表示家中有需要吸氧的病重人员，客服专员在填写工单时未记录客户家中有需要吸氧的危重人员信息，此情况属于严重差错。

3）派发工单中，关键词勾选错误。

释义：一是回复（回访）要求、报修工单城乡类型点选错误；二是匿名、保密信息点选错误；匿名、保密工单关联未匿名、保密的工单或在受理内容或受理意见处填写客户信息导致泄露。

【案例】客户孙先生来电反映投诉类型问题，客服专员派发投诉类型工单，客户有保密诉求，客服专员按照规范点选保密，但客服专员对历史工单（非保密工单）进行关联，地市人员可以通过关联工单查看客户信息，故此次保密点选无效，造成客户信息泄露，此情况属于严重差错。

（3）一般差错质检细则。

1）派发工单填写或记录不规范。

释义：未达派发工单填写严重差错的。（标注：其中错别字问题，工单内容中涉及两个及以上错别字应判为一般差错）

2）办结工单填写或记录不规范。

3）关联信息错误。

释义：关联信息指应关联的工单、停电信息、重要服务事项报备等文件规定应关联，但未关联或关联错误。

二、工单派发

工单派发标准指工单派发及时准确，正确选择供电单位，分类分级准确。

（1）严重差错判定标准。

违反《国家电网有限公司 95598 客户服务业务管理办法》（以下简称“业务管理办法”）中的工单受理及填写要求，导致工单内容记录错误或者缺漏。

（2）严重差错质检细则。

1）供电单位选择错误。

释义：未按照知识库中地址库对应的供电单位派发工单；已被省公司退单，重新改派至正确供电单位的工单不纳入此差错。

【案例】客户孙先生来电反映错发短信问题，经查询系统客户提供客户编号归属地为青海省，但客服专员仍将工单派发至天津供电公司，供电单位选择错误，影响工单派发准确性，此情况属于严重差错。

2）应该派发工单但没派发。

释义：应派未派（包括因业务解答错误导致的未派单）、未及时派单导致影响工单处理时限的问题。

【案例】客户孙先生来电反映多户停电问题，客服专员应按照多户停电流程受理引导客户诉求，客服专员通话中告知客户已经有人报修，未派发工单，实际情况为系统中并无相同地点的报修记录，此情况属于严重差错。

3）不应该派发工单却派发。

释义：已有同一诉求的在途工单仍再次派单；多派工单，多个诉求应派一张工单却派发多张工单；应办结却派单（包括因业务解答错误或应该解答未解答引起的派单）。

【案例】客户孙先生来电反映结清电费未恢复送电问题，经查询系统客户前期已经有一张服务申请的工单，客户非常着急，要求再次反映，客服专员应安抚客户情绪，详细解释，办结工单，客服专员未按照规范受理，而是再次派发服务申请工单，此情况属于严重差错。

4）工单类型派发错误。

释义：5.4.1　投诉工单错派为业务咨询或业务咨询工单错派为投诉

5.4.2　投诉工单错派为举报或举报工单错派为投诉

5.4.3　投诉工单错派为意见或意见工单错派为投诉

5.4.4　投诉工单错派为建议或建议工单错派为投诉

5.4.5　投诉工单错派为服务申请或服务申请工单错派为投诉

5.4.6　举报工单错派为其他或其他工单错派为举报

5.4.7　意见工单错派为其他或其他工单错派为意见

5.4.8　建议工单错派为其他或其他工单错派为建议

5.4.9　服务申请工单错派为其他或其他工单错派为服务申请

5.4.10　其他工单类型派发错误

释义：涉及投诉工单错派的细则以5.4.1~5.4.5为准；咨询工单指咨询转出工单。

【案例】客户孙先生来电反映结清电费后供电公司未在24小时内恢复送电，客户能够提供户号，确认为欠费停电且结清电费超过24小时供电公司未恢复供电，客户为非手工复电客户，且不符合“七不派”要点，应派发投诉工单，客服专员派发意见工单，此情况属于严重差错。

（3）一般差错质检细则。

1）先办结后派发工单。

2）错将故障办结工单派发为咨询办结工单或咨询办结派发为故障办结。

3）工单分级错误。

释义：5.3.1　业务咨询工单分级错误

5.3.2　故障报修工单分级错误

5.3.3　投诉工单分级错误

5.3.4　举报工单分级错误

5.3.5　意见工单分级错误

5.3.6　建议工单分级错误

5.3.7　表扬工单分级错误

5.3.8　服务申请工单分级错误

5.3.9　其他工单分级错误

其他工单分级错误（标注：其中报修工单应合并错误办结问题，应判此类为一般差错）

学习笔记

学习笔记

第二十一章

内部投诉判定要点

第二十一章知识点详解

知识背景

内部投诉是指客户通过 95598 电话、95598 智能互动网站、网上国网、电子邮件、信函等内部渠道提交，以及通过国网公司上级管理部门、国家能源局（12398）、社会网站、APP 应用商店等外部渠道转办或反映的关于中心客户服务方面的投诉业务诉求。本课程介绍了如何受理内部投诉 / 如何判定内部投诉 / 如何规避内部投诉，帮助客服专员了解内部投诉，避免内部投诉，提升服务质量。

教学目标

（1）了解内部投诉受理方法。

（2）掌握内部投诉判定要点。

第一节　内部投诉的定义

一、内部投诉的定义

内部投诉是指客户通过 95598 电话、95598 智能互动网站、网上国网、电子邮件、信函等内部渠道提交，以及通过国网公司上级管理部门、国家能源局（12398）、社会网站、APP 应用商店等外部渠道转办或反映的关于中心客户服务方面的投诉业务诉求。

二、内部投诉业务的受理

（1）客户内部投诉受理原则：客服专员出现服务质量问题，导致客户产生不满情绪进而明确要求投诉或反馈相关调查处理结果时，即视为客户提出内部投诉诉求，应当予以记录受理。客户通过言语威胁客服专员进行投诉除外。

（2）客服专员受理客投诉时，应初步了解客户投诉的原因，尽量缓和、化解矛盾，安抚客户，做好解释工作。对于客户经情绪安抚，明确表示不再投诉或者表示可以谅解（原谅）客服专员，应在工单填写内容中标注“已化解”，再进行内部投诉工单派发。

（3）内部投诉工单应详细记录客户所属区域、投诉人姓名、联系电话、投诉时间、客户投诉内容、是否要求回访等信息，根据客户反映的内容判断投诉级别，并尊重和满足投诉人保密要求。客户投诉时，客服专员不得主动询问或引导客户是否要“匿名投诉”。客户主动提出“匿名投诉”时，客服专员应告知客户匿名投诉将可能造成其诉求无法得到有效处理；若客户仍坚持“匿名投诉”，客服专员应如实记录客户诉求，在系统中进行正确点选，事件如实处理，但不联系客户化解回呼以及对客户进行回访。受理客服专员所在的客服部应在客户挂断电话后 20 分钟内完成工单填写、审核、派单。被分中心质量保证部退回的工单，客服部重新核对受理信息，60 分钟内重新处理或派发。

（4）对于跨分中心的内部投诉，诉求受理分中心在详细记录客户信息后将工单在 30 分钟内线下流转至被投诉人所在分中心，诉求受理人咨询办结，被投诉人所在分中心在接到线下流转单后 60 分钟内将该工单录入业务支持系统，正常流转内部投诉工单。

（5）特殊、重大、重要、一般投诉分类参见《国家电网公司 95598 客户服务业务管理办法》相关内容。

（6）如客户来电要求撤销投诉，客服专员应如实记录客户诉求，咨询办结并与前期工单关联，前期投诉工单按正常流程办理，不得办结。

（7）被投诉客服专员所在的客服部应在受理客户投诉（客户挂断电话）后 1 个工作日内联系客户进行回呼。回呼以响应客户诉求、安抚客户情绪、解决客户问题为目的，需在线回呼并制单，且与原内部投诉工单关联。回呼电话次数不得超过 1 次。业务受理环节已安抚客户情绪，客户明确表示不再投诉的不需要再次回呼。

（8）客户通过其他方式渠道（如电子邮件、信函等）进行投诉的，分中心质量保证部应进行工单派发，相关要求参照 95598 电话受理要求办理。

（9）对于客户就同一客服专员同一事件进行连续性投诉 3 次及以上的，或同一事件进行系列客服专员投诉达 5 次及以上的，分中心质量保证部开展事件调查，形成最终调查处理意见后报中心服务质量管理部，中心服务质量管理部在 7 个工作日内审核完毕并反馈分中心质量保证部，作为后期该内部投诉事件的处理及判定依据。

三、内部投诉业务的回访

（1）除客户明确提出不需回访已经成功当通化解（或回拨化解）的内部投诉工单外，客服部应在接收到工单处理反馈结果后 24 小时内完成回访工作（除匿名工单外），并如实记录客户意见和满意度评价情况。

系统完成对应开发前，采取线下回访的方式。并将回拨录音关联至内部诉求工单及回访工单。

（2）对于特殊、重大投诉，由于客户原因导致回访不成功的，回访工作应满足：不少于 5 天，每天不少于 3 次，每次回访时间间隔不小于 2 小时。如果确因客户原因回访不成功的，应在“回访内容”中写明失败原因，经分中心质量保证部批准后办结工单。

（3）其他投诉，由于客户原因导致回访不成功的，回访工作应满足：不少于 3 次，每次回访时间间隔不小于 2 小时；如果确因客户原因回访不成功的，应在“回访内容”中写明失败原因后办结工单。

（4）客服专员在回访客户前应熟悉工单回复内容，将工单回复的核心内容回访客户，不得以阅读工单的方式回访客户。遇客户不便接受回访时应与客户约定下次回访时间。

（5）国家能源局转办的 12398 客户投诉事件回访由中心质量部统一安排，分中心选取服务技能高、沟通能力强的高星级客服专员具体开展回访工作。

四、内部投诉业务的申诉

（1）内部投诉申诉是指被投诉客服专员对投诉属实性认定存有异议，提出属实性认定数据修正的诉求业务。

（2）内部投诉申诉以客服部为单位向分中心质量保证部提出申诉并填写申诉单。已办结工单超过 3 个工作日未提出申诉的，视为放弃申诉，逾期不再受理。

（3）分中心质量保证部接到客服部申诉后，应在 3 个工作日内进行复议评审，确定评判结果。客服部对评判结果有异议，可于 1 个工作日内向中心服务质量管理部提出升级申诉，中心服务质量管理部接到客服部升级申诉后，应在 5 个工作日内组织复议评审，确定最终评判结果。

五、内部投诉分类

根据引发内部投诉原因及影响程度，内部投诉依次分为服务态度、服务能力、业务能力、工单质量四类。当同一事件符合两种及以上属实业务类型时，取业务类型级别较高的分类为属实判定结果，具体业务类型级别高低为：一级服务态度 > 二级服务态度 = 一级服务能力 > 三级服务态度 > 二级服务能力 = 业务能力 = 工单质量。

第二节 内部投诉的判定

当客户有“我投诉你 / 你们”“我一会就投诉你”“我不需要你给我受理，我再打电话投诉你”“我要向 12398 等上级单位投诉你”的表述时，就会有内部投诉的风险，此时客服专员需要更加注意服务态度、语言表达等。

内部投诉判定要点解析：

一、服务态度类

（1）一级服务态度：服务态度恶劣、恶意挂断电话等。

（2）二级服务态度：语气生硬、使用服务忌语等。

（3）三级服务态度：服务态度消极、多次打断客户说话、催挂电话、故意冷场、延迟挂机等。

二、服务能力类

（1）一级服务能力：推诿搪塞以及违诺。

（2）二级服务能力：未按规范回呼、强行转交他人接听电话、应转接而未转接电话、沟通力不足等。

三、业务能力类

业务能力类的内部投诉包括：错误答复、答非所问、长时间等待等。

四、工单质量类

工单质量类内部投诉包括：应派发而未派发、不应派发而派发、错派业务类型、错选供电单位、漏记或错记客户信息、错选客户保密要求等。

【练习 1】单选·内部投诉是指客户通过 95598 电话、网站、电子邮件、微博、传真、短信、信函等多种渠道，对客服专员提出（　）诉求。

A. 举报　B. 投诉　C. 意见　D. 建议

【练习 2】单选·下列不属于服务态度类内部投诉的是（　）。

A. 服务态度恶劣、恶意挂断电话

B. 推诿搪塞、违诺、未及时回呼

C. 语气生硬、使用服务忌语

D. 服务态度消极、多次打断客户说话、催挂电话、故意冷场、延迟挂机

【练习 3】多选·下列属于服务能力类内部投诉的是（　）。

A. 强行转交他人接听电话、应转接而未转接电话、沟通力不足

B. 服务态度恶劣、恶意挂断电话

C. 语气生硬、使用服务忌语

D. 推诿搪塞、违诺、未按规范回呼

【练习 4】单选·下列不属于业务能力类内部投诉的是（　）。

A. 错误答复　B. 答非所问　C. 长时间等待　D. 强行转交他人接听电话

【练习 5】单选·下列不属于工单质量类内部投诉的是（　）。

A. 应派发而未派发、不应派发而派发　B. 漏记客户信息、错记客户信息

C. 错误答复、答非所问、长时间等待　D. 错派业务类型、错选供电单位

【练习 6】单选·下列属于一级服务态度类内部投诉的是（　）。

A. 服务态度恶劣、恶意挂断电话　B. 使用服务忌语

C. 服务态度消极　D. 语气生硬

【练习 7】单选 · 下列属于二级服务能力类内部投诉的是（　）。

A. 推诿搪塞　　B. 强行转交他人接听电话

C. 未按规范回呼　　D. 服务态度恶劣、恶意挂断电话

【练习 8】单选 · 下列属于三级服务态度类内部投诉的是（　）。

A. 服务态度消极　B. 语气生硬　C. 使用服务忌语　D. 服务态度恶劣

【练习 9】单选 · 下列属于一级服务能力类内部投诉的是（　）。

A. 应转接而未转接电话　　B. 沟通力不足

C. 违诺　　D. 使用服务忌语

【练习 10】多选 · 下列哪些行为属于二级服务态度类内部投诉（　）。

A. 语气生硬　B. 使用服务忌语　C. 服务态度恶劣　D. 恶意挂断电话

第二十二章

沟通技巧

知识背景

在当今社会里，沟通无处不在，无时不有，它是客户服务过程中最重要的内容。沟通可以让供电企业了解客户的需求信息，并及时向客户传递本公司的服务理念、服务内容和服务原则。通常情况下，95598 可以通过电话、网络、短信、传真等方式与客户进行沟通和交流，而有效的沟通才能产生高质量的远程服务。如果在沟通中经常出现座席人员打断客户话语、不能领会客户的来电意图、使用电力专业术语造成沟通不畅等情况时，只能说明这一次的沟通是无效的、失败的。因此，需要座席人员认识到沟通在电力客户服务中的价值，逐渐开始注重服务人员沟通能力的培养，不断提高座席人员的沟通能力，努力搭建起供电企业与用电客户之间沟通的桥梁。

教学目标

（1）了解沟通的概念、原则以及流程。

（2）掌握倾听、回应、提问、沟通的技巧。

第一节　沟通的概念

沟通是人与人之间，或企业之间在交往、服务与协作过程中的一种信息交换，使双方相互理解，达成共识。它既可以满足个体与他人交往的人际关系需要，又可以帮助企业建立协调一致的内部组织体系和外界合作环境，使个人不断成长，企业不断进步，从而推动人类文明和社会发展的进程。

第二节　电话服务流程

95598 电话服务流程可归纳为：电话接听——行为接入——沟通阶段——处理阶段——结束。其中：行为接入包含美丽的微笑、热情的态度、亲切的问候；沟通阶段包含认真的倾听、认同的回应、适时的提问；处理阶段包含总结客户的问题、快速处理客户的问题、礼貌相送客户（见图 22-1）。

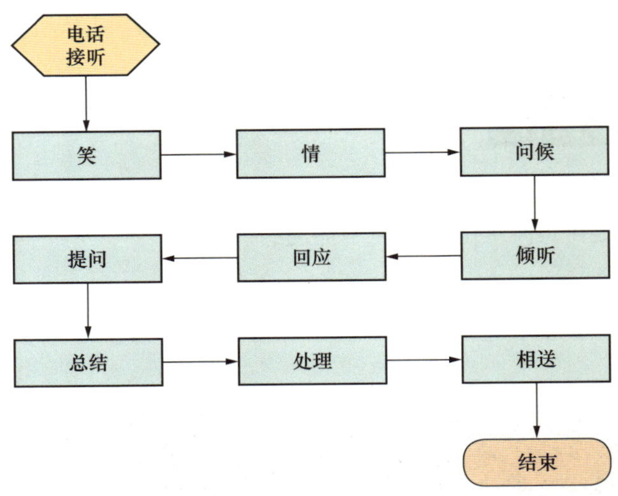

图 22-1　电话服务流程

第三节　电话沟通

一、沟通的原则

沟通的原则主要有：积极地倾听，适当地反馈；不随便打断对方讲话；不直接纠正和否定对方的观点；保持同理心，并注意身体语言、表情语言等非语言信息在沟通中的作用。

沟通中重要的是“听”和“表达”，要明确客户意图，以达成共识。沟通中要注意，不是我说了多少做了多少，而是客户感受了多少。成功的沟通是业务、技巧、表达、态度的综合体，具有不可分割性。在与客户沟通时，一定要本着尊重客户的原则，不能伤及对方的自尊，但尊重不等于屈从。

二、沟通的技巧

电话服务中，沟通技巧包括倾听的技巧、回应方式、提问技巧、语言表达。

1．倾听的技巧

与客户沟通时首先要学会“听”，没有听明白对方的意思，沟通就会向失败迈进一步。在倾听的过程中要抓住重点、留心细节，让对方感到你在用心听他讲话；对于重要的内容要复述反馈给对方，并得到对方的确认；在倾听的过程中，不要随意打断对方的说话，不抢话；在交流过程中要有目的地将你感兴趣的话题引向深入。

有些客户在沟通中，往往有强烈的表达愿望，因此他们会滔滔不绝地表达。可以先跟从客户的话语，并用认同的语句回应客户，待客户意思讲述清楚后，在客户说话的气口处运用回应式语句插话进去，再采用提问法引导客户回答你所要了解的信息，带着客户进入你的思路。需要注意的是插话不等于抢话，抢话会引起客户的反感。

例：“嗯，您说的有道理，不过，我想了解一下……”

2．回应方式

（1）被动式回应：可以用“是的”“我明白”等词语。

（2）复述重点式回应：可以帮你了解清楚客户所说的话。

例：“您半小时前报修过，可是现在还没有抢修人员到现场，是吗？”

（3）认同式回应：与客户沟通中要不断地赞美与肯定客户的想法与建议，通过认同对方来引导客户的思维，不一定要认同客户的观点，但一定要认同客户的心情，可以认同客户的思维方式、建议、期望、态度、想法、行为、结果等，这样会起到平衡客户心理的作用。如

“您的心情我能理解！”“碰到这样的事情也许我会和您一样着急！”

沟通中应随时回应对方，以示对对方的话语认真地倾听，同时也显示对对方的尊重。回应时可以采用“三句一回应”的方法，也就是当客户的话说到三句左右时，客服专员回应一次。

3．提问的技巧

（1）提问的作用。在沟通过程中巧妙地提问，可以尽快找到客户想要的答案，了解客户的真正需求和想法，并理清自己的思路，让愤怒的客户逐渐变得理智起来。

（2）提问的技巧。

1）针对性提问：能获得细节，以此为依据来判断事情发生的原因。

例：客户：“我们小区怎么停电了？”

客服专员：“请问您所在小区的具体地址是哪里？什么时间开始停电的？”

通过客户回答的地区、时间，来判断是否有计划停电、检修停电或故障停电。

2）选择性提问：是封闭式问题的一种，客户只能回答“是”或者“不是”，这种提问用来澄清事实和发现问题。

例：客户：“刚才灯一会儿亮一会儿暗的，然后电视就烧坏了！”

客服专员：“请问刚才您家有这种现象时是不是正在打雷呀？”

3）了解性提问：用来了解客户信息。

例：客服专员：“请问您的客户号是多少？家住在什么地方？我来帮您查询一下具体情况好吗？”

4）澄清性提问：正确地了解客户所说的问题是什么，并找出客户所述问题的根本原因。

例：客户：“你们不仅把我们饭店的电停了，还说要我交一万元钱，简直太过分了！”

客服专员：“请问，最近是否有用电检查人员到你们饭店检查过用电情况呢？”

5）征询性提问：告知客户问题的初步解决方案，让客户做决定，以体现客户是“上帝”。

例：客服专员：“×× 营业厅离您家最近，您看到那里交电费方便吗？”

6）服务性提问：在客户服务过程结束时用的，其作用是超出客户的满意。

例：客服专员：“您看还有什么需要我为您做的吗”？

7）开放式提问：用来引导客户讲述事实。

例：客服专员：“您能说说当时的具体情况吗？”

8）封闭式提问：对客户的问题做一个重点的复述，用来结束提问。

例：客服专员：“您希望在电费不足时，我们能用电话的方式通知到您，对吗？”

4．语言表达

所谓语言表达能力，就是指思维逻辑清晰，用词准确得当，能够通过简练、生动并具有说服力、感染力的语言，快速准确地向他人表达出自己的思想、行为的一种能力。

在为客户服务的过程中，客服专员是与客户接触的最前沿，我们根据实际情况将电力政策、法律法规等知识在头脑中形成意念，通过语言传送给客户，语言传送过程中，我们以最合理的搭配原则将字、词、句组织起来，清晰明了告知客户，让他们领悟我们的意思，理解我们的表达，相信我们的态度，最终与我们达成共识。

语言表达要短小精悍，宗旨是不说多余的话；要形象具体，细节一定要表述出来；针对性要强，要针对目的进行表达；要忠实表达的思想，表达的意思要与你想要表达的意思一致；语气不能刻薄，表达的语言要友善、充满力量。

在向客户表达时要运用魅力之声，吸引客户的注意力，让客户能静心愉悦地聆听表达内容。

5．语言沟通的三要素

（1）信息传送者的沟通三要素。

1）精确：让对方的理解是唯一的。

2）简单：简单的往往是最有效的。

3）标准化：以理解力低的一方能理解为基础，能达成双方共识的平台。

（2）信息接收者的沟通三要素。

1）倾听：照单全收，听完再说。

2）重复重点：让对方知道你听到的信息是什么。

3）确认：将你听到的重点信息归纳起来，并反馈给对方以达成共识。

在与客户沟通中语速不可太快，声调要抑扬顿挫，运用客户容易接受的说法进行沟通。遇到急噪或愤怒的客户时声音可以提高一个八度，遇到慢的客户声音可以降低一个八度，同样可以达到与客户声音匹配的效果。

三、沟通的艺术

1．赞美与认同的艺术

（1）赞美。夸奖别人还没有显现出来的长处，才能使人快乐。与客户沟通和异议处理中要不断地赞美与肯定客户的想法与建议，此时重要的是如何通过认同对方来引导客户的思维，走向解决问题的轨道。我们不一定要认同客户的观点，但心情一定要认同，起到平衡作用。

1）赞美要及时—用于鼓励。

2）赞美要适度—恰如其分。

3）赞美要具体—深入细致。

4）赞美要热情—情感真挚。

（2）认同。

1）我们要认同客户的思维方式、认同客户的选择、认同客户的态度、认同客户的想法、认同客户的行为、认同客户的建议、认同客户的结果、认同客户的期望。

2）认同的语句：您的心情我理解、碰到这样的事情也许我会和您一样、有不少客户也有像您这样的想法、您这个问题是个问题、您的话有道理等。

2．委婉的艺术

委婉是一种语言表达形式，必须坚持原则，态度明确，切勿让人不知所云。委婉需注意：谦和适度、宽容大度、避免隐晦。

例：委婉地拒绝在欠费状态下要求送电的客户。

您的心情我能理解，不过欠费停电程序启动了之后，程序是不能逆转的，另外送电人员是查到费用交了之后才能送电的，他不敢违反公司的规定。

3．道歉的艺术

道歉应当及时、大方，给对方发泄心中不快的机会，把握道歉的尺度适时地以赞誉代替道歉。

4．拒绝的艺术

拒绝应当说出真实情况，但不要马上拒绝、不要随便拒绝 ，更不要无情拒绝，要给对方留个退路。

例：我也很想帮您，不过国家的电价政策是有规定的，像您这样的用电性质，是应该执行商业电价的。

巧妙说“不”的技巧：先认同、再否定、最后给渠道。

【例1】您希望能尽快恢复供电的心情我十分理解，不过您也知道抢修是有过程的，一般得先开车到现场，再顺线路排查故障点，找到故障点后再根据故障情况进行抢修，这个过程不是10分8分钟能完成的，是需要点时间的，希望您能理解，这样吧，我再督促一下现场人员尽快维修，请您耐心等候一下，谢谢您。

【例2】欠费停电了确实给您生活带来了不便，这我也理解。不过，您也知道，供电公司的工作都是依法进行，欠费停电都是按照合同法或电力法的规定程序进行的。您说的关于冰箱内物品损失要求赔偿的问题，我也能理解，不过根据合同法的有关规定，当用电人欠费经催缴后，在合理期限内仍不缴纳电费的，供电公司可以中止供电。而因欠费停电所带来的损失也应由您自己承担，为了避免损失加大，建议您尽快缴纳欠费并恢复供电。

【例3】欠费客户要求电话通知：您希望电话通知您的要求，这也很合理，不过希望您能主动到辖区内的供电所进行说明，否则我们无法掌握您的电话，也就不能电话通知您了。您看您什么时间方便到供电所进行一下电话备案，以方便未来再发生欠费时供电公司能及时地通知到您。

四、沟通的禁忌

1．不挖苦对方

如："5 毛钱一度电，162 度电你还不知道多少钱？"

正确的说法："电价是 5 毛钱一度电，162 度电是 81 元钱。"

2．不教训对方

如："我跟你说了多少遍了，你怎么还不清楚？"

正确的说法："可能是我没有表述清楚，那我再跟您说一遍……，现在您清楚了是吧。"

3．不置疑对方

如："电表的示数你看的对吗""你确定周围楼都停电了吗？"

正确的说法："您看的电表示数是……对吧""您是说周围楼都停电了是吧。"

4．不质问对方

如："你刚才为什么不说清楚呢？"

正确的说法："您现在的意思是……对吧！"

5．不随便纠正对方

如："你说的不对，不是你说的那样。"

正确的说法："您说的是这样啊，不过，我了解的情况是……"

6．不敷衍对方

如："行了，我帮你反映一下，你等信儿吧。"

正确的说法："您放心，我一定会帮您反映的，5 天之内会给您回音。"

第四节　情景模拟

一、一句话的"风波"

1．案例提要

某客户家欠费被停电，以没有事先得到"停电告知"为由要求立即送电，客服专员在接待过程中，一时不慎反问客户，导致客户投诉。

2．事件过程

某日晚 22 点，一客户拨打 95598，劈头盖脸地质问客服专员："我想问问你们供电局凭什么停电？"

客服专员查询后告知客户："对不起，您已经连续欠费3个月了，根据《电力供应与使用条例》的有关规定，我们对您实施了停电催费措施，希望您理解。"

客户："跟我讲法，你们没有告知我的情况下擅自停电合法么？现在我从外地回来，冰箱里的东西都臭了，冰箱也坏了，你们怎么赔偿？"

客服专员："我们停电前一周已经把停电通知书贴您的表箱上了。"

客户："鬼知道你们表箱安哪里？我有义务天天跑去看有没有通知单么？我跟你讲，马上给我送电。"

客服专员："先生，您的电费还没交呢，我们没法给您送电。"

客户："我天天国内国外的跑，你们不及时告知我缴费信息，我怎么能记得准时缴费。"

客服专员："可是，您经常国内国外跑，难道我的欠费停电通知单还要跑到国外去给您发么？"

客户："你说的什么话？你什么态度？找你们领导接电话……"

客户挂机后并投诉。

3．案例分析

该客服专员没有站在客户的角度去体谅客户的处境，更没有体谅客户的情绪。在服务中，即便是我们十分的正确，也应该给客户留三分余地，更不应该反问客户，应正面地回应客户的问题。

如果该客服专员将"可是，您经常国内国外跑，难道我的欠费停电通知单还要跑到国外去给您发么？"这句话，换成"先生，听您说的情况，您确实很忙。前些日子也有不少像您这样国内国外跑的客户，来电话反映了和您一样的问题，我给了他们一个预存电费的建议后，他们都说这个建议很好。随后他们都预存了电费，再也没有发生因忘记缴费而停电的情况。"

二、认同对方，客户变得理智

1．案例提要

某客户总强调自己不知道产权分界的规定，并坚持要供电公司派人维修。

2．事件过程

某日晚，客户来电话报修家中停电，客服专员经过仔细询问判断客户的停电为内部故障。于是客服专员告知客户应该找产权单位进行维修，但是客户不认同客服专员的解释。

客户："我不清楚你们的什么产权分界，你们必须安排人过来维修！"

客服专员："先生，虽然您不知道电力维修的产权分界，不过呢，没有关系，我现在给您介绍一下产权分界的规定（产权规定的叙述），先生现在您清楚了是吧。"

客户：“嗯。”

客服专员：“所以我建议您尽快找到产权单位或物业单位，让他们尽快来给您维修，以帮助您尽快来电。没电了我们也替您着急，您看您找一下产权单位可以吗？”

客户：“但是电费是由你们收取的，你们就得维修。”

客服专员：“先生是这样的，没有电确实给您生活带来不便，尤其是晚上，没有电也确实是不方便。不过，由于有产权分界的规定，供电公司也只能执行，况且这个规定是国务院颁布的《电力供应与使用条例》中规定的，所以供电公司也只能去执行。”

客户：“嗯。”

客服专员：“刚才您说的电费确实是由供电公司收取的，不过呢，电费中并不包含应由产权单位维修的电力设施维修费，况且还有维修的产权分界规定，所以建议您尽快找到产权单位帮您尽快恢复用电。请问您还有其他的事情吗？”

客户：“没有了。”

随后客户挂断了电话。

3．案例分析

本次服务中，该客服专员运用了“认同客户”的技巧，成功地让客户放弃了让供电公司维修的想法。

三、同理心很重要

1．案例提要

某市某客户于2012年4月2日晚21:44致电95598，反映该处多户居民停电已达数小时。客户要求投诉当地供电所处理故障效率低。客服专员在处理该问题时，缺乏沟通技巧，没有处理好客户的情绪，给客户带来较差的服务感知。

2．事件过程

客户：“……我要投诉他们……”

客服专员：“你要投诉什么呢？”

客户：“我现在不投诉他们没有提前通知了，我要投诉他们工作效率低，我都反映这么长时间了，都没修好啊。”

客服专员：“你这个投诉是不成立的，所以没办法处理。你要举出例子来，或者你要投诉哪一个人？……谁？叫什么名字？”

客户：“我就要投诉，你干嘛非得问我什么人呢？我就投诉整个单位！”

客服专员：“我能理解您的心情，但也希望您能理解我们，因为故障停电是没办法提前通知的，请问您还有其他的事情吗？”

客户："我对你的服务很不满意，我要找你们领导接电话……"

客户挂机后并投诉。

3．案例分析

本次服务中，客服专员在处理该问题时缺乏相应的服务技巧，没有做到有效安抚，在客户反映停电几个小时一直没处理好的情况下，没有给予足够重视，未能站在客户立场换位思考。其实只要做好安抚，及时帮助用户催办即可解决。

【思考】如果你遇到此类问题，该如何安抚客户呢？

【知识延伸】

1. 选择积极的用词与方式

在保持一个积极的态度时，沟通用语也应当尽量选择体现正面意思的词。比如说，要感谢客户在电话中的等候，常用的说法是"很抱歉让您久等。"这"抱歉久等"实际上在潜意识中强化了对方"久等"这个感觉。比较正面的表达可以是"非常感谢您的耐心等待。"

你现在可以体会出其中的差别了？下面是更多的例子：

习惯用语：我不能给你他的手机号码

专业表达：您是否向他本人询问他的手机号

习惯用语：我不想给您错误的建议

专业表达：我想给您正确的建议

习惯用语：你没有必要担心这次修后又坏

专业表达：这次修后你尽管放心使用

2. 善用"我"代替"你"

有些专家建议，在下列的例子中尽量用"我"代替"你"，后者常会使人感到有根手指指向对方。

习惯用语：你的名字叫什么？

专业表达：请问，我可以知道你的名字吗？

习惯用语：你必须……

专业表达：我们要为你那样做，这是我们需要的。

习惯用语：你错了，不是那样的！

专业表达：对不起我没说清楚，但我想……

习惯用语：如果你需要我的帮助，你必须……

专业表达：我愿意帮助你，但首先我需要……

习惯用语：你做的不正确……

专业表达：我得到了不同的结果。让我们一起来看看到底怎么回事。

习惯用语：听着，那没有坏，所有系统都是那样工作的。

专业表达：那表明系统是正常工作的。让我们一起来看看到底哪儿存在问题。

习惯用语：注意，你必须今天做好！

专业表达：如果您今天能完成，我会非常感激。

习惯用语：当然你会收到，但你必须把名字和地址给我。

专业表达：当然我会立即发送给你一个，我能知道你的名字和地址吗？

习惯用语：你没有弄明白，这次听好了。

专业表达：也许我说得不够清楚，请允许我再解释一遍。

3. 在客户面前维护企业的形象

如果有一个客户的电话转到你这里，抱怨他在前一个部门所受的待遇，你已经不止一次听到这类抱怨了。为了表示对客户的理解，你应当说什么呢？“你说得不错，这个部门表现很差劲，”可以这样说吗？适当的表达方式是“我完全理解您的苦衷。”

另一类客户的要求公司没法满足，你可以这样表达：“对不起，我们暂时还没有解决方案。”尽量避免很不客气地把手一摊（当然对方看不见）：“我没办法”。当你有可能替客户想一些办法时，与其说“我试试看吧，”为什么不更积极些：“我一定尽力而为。”

如果有人要求打折、减价，你可以说：“如果您买 10 台，我就能帮您，”而避免说“我不能，除非……”。

客户的要求是公司政策不允许的。与其直说“这是公司的政策”不如这样表达：“根据多数人的情况，我们公司目前是这样规定的……”如果客户找错了人，不要说“对不起，这事我不管，”换一种方式：“有专人负责，我帮您转过去。”

另外，方言中有一些表达方式应用在普通话中时就会不妥当。比如“一塌糊涂”“不会啦”等上海或港粤台味道的表达，不应带到普通话的规范表达中。

语言表达技巧也是一门大学问，有些用语可以由公司统一规范的，但更多的是客服专员自己对表达技巧的熟练掌握和娴熟运用，以使整个与客户的通话过程体现出最佳的客户体验与企业形象。

4. 应答客户实用小技法

在应答时应专业——应用沟通的技巧。

对话时应干净利落——简明扼要。

自言自语要去除——控制自己下意识重复客户的话。

口头语要去除——提升语言沟通的层次。

应答时应表现出足够的自信心——不能让客户感觉到你不够专业。

第二十三章

电话服务规范

第二十三章知识点详解

知识背景

95598 供电服务热线是国家电网有限公司对外服务的重要窗口，客服专员的服务行为会给客户最直接的感受。良好的服务不仅体现客服专员的职业素养，并且有助于提升公司在客户心中的企业形象。因此，客户专员上岗前需学习基本的电话服务规范，以便为客户提供更优质的服务。

教学目标

掌握客服专员服务规范，并熟练运用标准服务用语。

第一节　学习电话服务规范的目的

客户服务中心（简称“CSC”），是指利用电话、手机、传真、Web 等多种信息方式并行接入，以人工、自动语音、Web 等多种方式为客户提供各类售前、售后服务，建立起来的企业与客户沟通的组织平台。

国家电网有限公司客户服务中心目前采取的是人工、自动语音等方式为客户提供服务，客户对我们的服务感知完全取决于客服专员的声音和表达，简单来说就是不见其人，只闻其声。因此，学习电话服务规范可以提升自身素质，体现良好的职业素养。塑造企业形象，提升客户的好感度和对企业的信任度。

【练习 1】单选·接听客户来电应使用标准（　）。

A. 方言　　B. 英语　　C. 普通话　　D. 其他语种

【练习 2】多选·学习电话服务规范的目的是什么？（　）

A. 提升自身素质

B. 体现良好的职业素养

C. 塑造企业形象

D. 提升客户的好感度和对企业的信任度

第二节　电话服务规范的内容

客服专员应时刻保持电话畅通，接通电话时应做到如下服务规范：

一、通话过程前

电话铃响 3 声内接听，超过 3 声应道歉；应答时要首先问候。

现在已经实现系统自动接听，一般不会出现超电话铃响 3 声接听的情况，如果遇到此情况请排查是否为系统问题，及时汇报班长处理。

二、通话过程中

应使用文明礼貌用语及服务用语，少用生僻的电力专业术语；通话时应做到语言亲切、语气诚恳、语音清晰、语速适中、语调平和、言简意赅。应根据实际情况随时说“是”“对”等，以示在专心聆听，重要内容要注意重复、确认。

【练习3】单选·下列说法错误的是（　）。

A. 应使用文明礼貌用语及服务用语，少用生僻的电力专业术语

B. 通话时应做到语言亲切、语气诚恳、语音清晰、语速适中、语调平和、言简意赅

C. 应根据实际情况随时说“是”“对”等，以示在专心聆听

D. 客户诉求只要记录清楚即可，无需与客户再次核对

三、结束通话时

应确认客户没有其他服务需求后，方可结束通话。若客户还有其他问题，应认真倾听，耐心解释，按照规范进行受理。

四、外拨电话时

应先自我介绍，再确认客户身份，并告知致电原因。

五、正常业务受理时

客服专员应做到如下服务规范：

（1）受理客户咨询时，应耐心、细致。如不能当即答复，应向客户致歉，并留下联系电话，经研究或请示领导后，尽快答复。客户咨询或投诉叙述不清时，应用客气周到的语言引导或提示客户，不要随意打断客户的话语。

（2）接到客户报修时，应详细询问故障情况并做记录，立即通知抢修部门前去处理。

（3）核对客户资料时，对于多音字应选择中性词或褒义词，避免使用贬义词或反面人物名字。

例如：客户名叫熊天平，在与客户核实的时候，不能说：“请问是狗熊的熊吗？”。

（4）需要客户持线等候时，应先征得客户同意后，方可让客户持线等候，等候时长不超过60秒，在客户等待结束后向客户致谢。

（5）在接听过程中应具备主动服务的意识，积极引导客户发现问题。

（6）仔细倾听客户反映的问题，在对方倾诉时，要有回应，在听清所提问题后，再提出有益的建议。

【练习4】单选·需要客户持线等候时，应先征得客户同意后，方可让客户持线等候，等候时长不超过（ ）秒，在客户等待结束后向客户致谢。（　　）

A. 30　　B. 40　　C. 50　　D. 60

六、客户情绪异常时，客服专员应做到如下服务规范

（1）客户来电话发泄怒气时，应仔细倾听并做记录，对客户讲话应有所反应，并表示体谅对方的情绪。当客服专员无法妥善处理客户诉求或客户因对处理结果、答复不满主动要求换人接听的，客服专员可进行电话转接。

（2）客户抱怨时，应表示体谅对方的情绪，有效安抚客户并耐心解决客户问题。

【练习5】多选·客户情绪异常时，客服专员应做到如下服务规范（　　）。

A. 应仔细倾听并做记录，对客户讲话应有所反应，并表示体谅对方的情绪

B. 当客服专员无法妥善处理客户诉求或客户因对处理结果、答复不满主动要求换人接听的，客服专员可进行电话转接

C. 当客服专员无法妥善处理客户诉求或客户因对处理结果、答复不满主动要求换人接听的，客服专员应坚持与客户解释

D. 客户抱怨时，应表示体谅对方的情绪，有效安抚客户并耐心解决客户问题

七、有特殊情况的通话，客服专员应做到如下服务规范

（1）客户打错电话时，应礼貌地说明情况。

（2）如接到无声电话或客户声音无法听清时，需多次确认，不能立刻挂机。

（3）无声来电、客户未完整表达用电诉求通话中断且回拨无法联系客户的情况，可主动推送短信，引导客户再次拨打，避免客户误以为客服专员故意挂断。

（4）客户的要求与政策、法律、法规及本企业制度相悖时，应向客户耐心解释、委婉说明，争取客户理解。做到有理有节，不得与客户发生争吵。

（5）回答客户所提问题时，凡客户所陈述的问题涉及困难处境，应先表示同情。

（6）客户所描述的内容比较复杂、冗长时，要概括性地对客户所反映的问题进行复述。

（7）出现遗忘或错误，不论是自己发现还是客户指出，应及时承认错误同时向客户道歉，并继续向客户提供准确的答案。在通话结束时，再次致歉。

（8）对于客户来电使用粗俗语言对客服专员进行谩骂滋扰的，客服专员应使用规范话术礼貌提醒，一次提醒后无效，可报读规范用语挂机。

【练习 6】单选·客户打错电话时，应（　）。

A. 礼貌地说明情况

B. 直接挂断

C. 挂机后可不用做工单

D. 向班长汇报

【练习 7】单选·客户所陈述的问题涉及困难处境时，座席代表不应使用的服务用语有（　）。

A. 您不要着急，慢慢讲

B. 我很理解您的心情

C. 您所反映的问题我没法解决

D. 您的心情我十分理解，这种情况我也曾经历过

【练习 8】单选·无声来电、客户未完整表达用电诉求通话中断且回拨无法联系客户时，应（　）。

A. 等客户再次拨打

B. 主动推送短信，引导客户再次拨打，避免客户误以为客服专员故意挂断

C. 向班长汇报

D. 用自己的手机试试

【练习 9】单选·客户的要求与政策、法律、法规及本企业制度相悖时，应（　）。

A. 向客户耐心解释、委婉说明，争取客户理解

B. 努力说服客户

C. 直接挂断电话

D. 向班长汇报

【练习 10】单选·客户所描述的内容比较复杂、冗长时，应（　）。

A. 建议客户长话短说

B. 直接挂机

C. 把客户说的话全部记录下来派单

D. 概括性地对客户所反映的问题进行复述

【练习 11】单选·对于客户来电使用粗俗语言对客服专员进行谩骂滋扰的，应（　）。

A. 与客户对骂

B. 直接挂机

C. 使用规范话术礼貌提醒，一次提醒后无效，可直接进行挂机

D. 使用规范话术礼貌提醒，三次提醒后无效，可直接进行挂机

【练习 12】单选 · 答复客户错误时，应（　）。

A. 及时道歉

B. 直接更正，说出准确答案

C. 不予理睬

D. 应及时承认错误同时向客户道歉，并继续向客户提供准确的答案。在通话结束时，再次致歉

【练习 13】多选 · 通话时应做到（　）言简意赅。

A. 语气诚恳　B. 语言亲切　C. 语音清晰　D. 语速适中

【练习 14】多选 · 客服专员在电话服务中通常使用的语气为（　）。

A. 陈述　B. 祈使　C. 疑问　D. 感叹

【练习 15】多选 · 通话中的积极用语有（　）。

A. 谢谢　B. 好的　C. 你　D. 不客气

【练习 16】多选 · 受理客户咨询时的服务规范（　）。

A. 详细了解客户咨询的内容

B. 将客户的咨询内容完整、准确地记录在电子工单中

C. 准确解答客户问题

D. 不随意打断客户的话语

第三节　电话服务通用话术

一、话务接听通用话术

1．自动语音播报

IVR 语音播报：你用电，我用心，国家电网 95598 为您服务。为保证通话质量，本次服务将被录音。工号 ×× 为您服务。

2．接入人工服务

开头语：您好，请问需要什么帮助？

结束语：请问您还有什么需要帮助的吗？稍后对我的服务进行评价。

二、关于供电服务热线的相关话术

在需要向客户答复单位称谓时，不可随意答复。

（1）95598 热线名称是什么？

参考话术：×× 先生 / 女士，95598 热线全称为“95598 供电服务热线”，是国家电网有限公司统一客户服务热线。

（2）你们是哪个单位的？

参考话术：×× 先生 / 女士，我单位是“国家电网有限公司客户服务中心”。[不得提及所属南（北）分中心]

（3）你们的上级单位是什么？

参考话术：×× 先生 / 女士，我们的上级单位是国家电网有限公司。

（4）95598 受理客户的哪些问题 /95598 的服务内容包括哪些？

参考话术：×× 先生 / 女士，95598 供电服务热线提供信息查询、业务咨询、故障报修服务，同时可受理客户关于供电服务的投诉、举报、建议、意见、表扬、服务申请诉求等。

（5）95598 受理哪些地区的客户问题 /95598 的服务范围包括哪些？

参考话术：×× 先生 / 女士，95598 是全国供电服务热线，为全国 26 个省（直辖市、自治区）电力客户提供服务。

我们国网客服中心的服务范围包括 26 个省（直辖市、自治区），具体为北京、天津、河北、山西、山东、上海、江苏、浙江、安徽、福建、湖北、湖南、河南、江西、四川、重庆、辽宁、吉林、黑龙江、内蒙古（赤峰、通辽、兴安、呼伦贝尔地区）、陕西、甘肃、青海、宁夏、新疆、西藏。

（6）广东、广西、云南、贵州、海南客户致电询问用电问题，如何答复？

参考话术：×× 先生 / 女士，您所在的省份属于中国南方电网有限责任公司经营范围，建议您致电南方电网公司服务热线，在 95598 前添加区号拨打即可。

（7）95598 供电服务热线的上级监管部门电话是什么？

参考话术：×× 先生 / 女士，目前国家电网有限公司对外的统一服务热线是 95598，如您有用电方面需求，您都可以向我们反映。如您确实有相关意见和建议需要向我们上级监管部门反映，可以拨打国家电网有限公司行风投诉热线 010–66597315 或 010–63416315，感谢您的监督与支持。

（8）客户直接询问监管电话 / 电监办电话或 12398 热线服务范围？

参考话术：×× 先生 / 女士，12398 是能源监管热线。

12398 是国家能源局履行能源监管职责在全国开通的能源监管热线，受理涉及电力方面违反有关能源法律、法规、规章和其他规范性文件行为的投诉举报。

（9）客户询问工作场所所在地，如何答复？

参考话术：×× 先生 / 女士，95598 是国家电网有限公司统一的供电服务热线，为电力客户提供优质、方便、规范、真诚的服务，您有什么具体的用电问题，我们可以帮您解决。

（10）客户执意要了解工作所在地时，如何答复？

参考话术 1：×× 先生 / 女士，请您放心，无论我们在哪个城市，都会为您提供规范、真诚的服务，请问您需要什么帮助？

参考话术 2：×× 先生 / 女士，无论我们的工作场所在哪里，为您提供的服务都是一样的，只要您有用电方面的需求或问题，我们都很高兴为您服务。

【练习 17】单选 · 95598 热线名称是什么（　）?

A. 电力热线

B. 95598 供电服务热线

C. 供电热线

D. 95598 电力服务热线

【练习 18】单选 · 客户询问我们是哪个单位的，该如何回答?（　）

A. 我单位是“国家电网公司客户服务中心”

B. 我单位是“国家电网有限公司客户服务中心南方分中心”

C. 我单位是“国家电网有限公司客户服务中心北方分中心”

D. 我单位是“国家电网有限公司客户服务中心”

第四节　回访电话用语及注意事项

一、开头语

（1）95598 业务：“您好！我是国家电网 ×× 号（工号后四位）客服人员，打扰您了，请问您是 ×× 先生 / 女士吗？想就您近期来电反映问题的处理情况做个回复（回访），您看可以吗？”

（2）业扩报装业务：“您好！我是国家电网 ×× 号（工号后四位）客服人员，打扰您了，请问您是 ×× 先生 / 女士吗？想就您近期办理的用电业务做个回访，您看可以吗？”

二、结束语

（1）客户满意：“感谢您的配合，欢迎再次致电 95598，再见！”

（2）客户不满意原因合理：“感谢您的配合，我们会将您的意见反馈至相关部门，并尽快给您答复！再见！”

（3）客户不满意原因不合理：“感谢您的配合，希望您对我们的工作给予理解和支持，我们会一如既往地做好服务工作，再见！”

【练习 19】单选 · 回访电话时要首先问候，然后报出（　）和工号。

A. 单位名称

B. 部门名称

C. 班组名称

D. 客服姓名

第五节　方言客户应对及注意事项

一、方言的应对

面对方言客户，应通过关键字沟通，尽量掌握客户诉求。无法准确理解或掌握客户诉求时，应通过设问方式准确核对客户联系电话，并根据客户来电区域和系统内行政区域，与客户逐一核对所属区县。

参考话术：

（1）“对不起，我听不懂您的方言，您可以说普通话吗？”

（2）当客户无法使用普通话时，“对不起，我听不懂您的方言，您身边有会讲普通话的人吗？”

（3）若客户身边没有会讲普通话的人，“非常抱歉，我听不懂您的方言，我能让听懂您方言的工作人员和您联系吗？”

（4）取得客户认可后，与客户核对信息，“请问您是在 ×× 市 ×× 县（区）吗？您的联系电话是 ×× 吗？请您保持电话畅通，稍后会有工作人员与您联系”。

【练习 20】多选·当遇到方言客户时，我们的应答话术有（ ）。

A.“对不起，我听不懂您的方言，您可以说普通话吗？”

B. 当客户无法使用普通话时，“对不起，我听不懂您的方言，您身边有会讲普通话的人吗？”

C. 若客户身边没有会讲普通话的人，“非常抱歉，我听不懂您的方言，我能让听懂您方言的工作人员和您联系吗？”

D. 取得客户认可后，与客户核对信息，“请问您是在 ×× 市 ×× 县（区）吗？您的联系电话是 ×× 吗？请您保持电话畅通，稍后会有工作人员与您联系。”

二、特殊情况用语及注意事项

1．询问核实疑似诈骗电话（短信）

应答要点：与客户核对信息，判断客户所接受的电话、短信是否为诈骗电话或短信。

话术（判断是否为诈骗电话）：来电号码（短信）是否显示为 95598。是否向您套取银行账户等个人信息，并向指定账户进行电费缴存，否则将给您实施断电。

话术（确认为诈骗电话）：您所接到的电话为诈骗电话。如您确实存在陈欠电费，供电企业将以催费通知书、停电通知书等形式告知，不会通过 95598 电话、短信、语音留言等方式通知缴纳违约金或执行欠费停电。请您务必保管好个人用电信息，谨防受骗。

2．询问 95598 通话资费标准

话术：通话费用是按您电话所属运营商的资费标准收取，供电公司不额外收取费用。一般来说，如果您在本地拨打，按市话标准收取；如果您在外地，可能还会产生长途漫游费，具体可咨询所属通信运营商。

3．新闻媒体来电应对

对于新闻媒体（社会机构）来电要求采访的诉求，客服专员应详细记录媒体单位或栏目、采访目的、联系方式、采访对象等信息，按照新闻媒体来电处理要求进行处理。

应答话术：“尊敬的记者，您好。您的采访请求我们很重视，会在第一时间将您的诉求告知相关部门，请您保持电话畅通，将有专业工作人员与您取得联系。”

4．不合理来电诉求应对

根据中心《关于进一步明确客户不合理诉求业务处理应对措施的通知》的相关规定，对于客户恶意骚扰或无理谩骂、客户漫无目的咨询问题，且无明确用电诉求等不合理要求时，客服专员应使用礼貌用语经一次提醒无效后，可主动挂机。

提醒话术：“××，请您注意用语文明。如果您继续这样下去的话我们将无法为您服务！”

挂机话术：“由于您的不文明用语影响我们对您用电诉求的掌握，造成我们无法为您提供进一步服务。当前我们电话服务资源有限，还有多名客户呼叫等待。再见！”

【练习 21】单选 · 当遇到新闻媒体来电时，应（　）。

A. 立即向班长汇报，由班长接听

B. 立即向媒体说明会有专人与其联系

C. 详细记录媒体单位或栏目、采访目的、联系方式、采访对象等信息，按照新闻媒体来电处理要求进行处理

D. 根据媒体的诉求直接答复

【练习 22】单选 · 客户询问 95598 通话资费标准，应（　）。

A. 告知客户资费是每分钟 0.2 元

B. 告知客户 95598 是免费电话

C. 告知客户不知道话费

D. 告知客户通话费用是按电话所属运营商的资费标准收取

本章内容依据文件：《南方分中心通用话术（试行）》《客户非常见业务应答话术及处理要点》《国网客服中心客服代表服务规范（试行）》《业管〔2018〕100 关于开展热线电话基本知识解答整改的紧急通知 – 修（1）》。

习题参考答案

第一章　企业文化

企业文化答案

题号	1	2	3	4	5	6	7	8	9
答案	D	AC	ABCD	ABC	AB	B	C	ABD	A

第三章　安全培训

安全培训答案

题号	1	2	3	4	5	6	7	8	9	10
答案	D	AB	ABCD	AC	C	B	D	ABCD	ABCD	C

第六章　法律法规

法律法规答案

题号	1	2	3	4	5	6	7	8	9	10
答案	A	B	A	A	D	B	ABC	A	B	BC
题号	12	13	14	15	16	17	18	19		
答案	A	B	C	C	A	AD	ABD	CD		

【练习 11】第 47 条　供电设施的运行维护管理范围，按产权归属确定。责任分界点按下列各项确定：公用低压线路供电的，以供电接户线用户端最后支持物为分界点，支持物属供电企业；10 千伏及以下公用高压线路供电的，以用户厂界外或配电室前的第一断路器或第一支持物为分界点，第一断路器或第一支持物属供电企业；35 千伏及以上公用高压线路供电时，以用户厂界外或用户变电站外第一基电杆为分界点，第一基电杆属供电企业；采用电缆供电的，本着便于维护管理的原则，分界点由供电企业与用户协商确定；产权属于用户且由用户运行维护的线路，以公用线路分支杆或专用线路接引的公用变电站外第一基电杆为分界点，专用线路第一基电杆属用户。

【练习 20】计费电能表装设后，用户应妥为保护，不应在表前堆放影响抄表或计量准确及安全的物品。如发生计费电能表丢失、损坏或过负荷烧坏等情况，用户应及时告知供电企业，以便供电企业采取措施。如因供电企业责任或不可抗力致使计费电能表出现或发生故障的，供电企业应负责换表，不收费用；其他原因引起的，用户应负担赔偿费或修理费。

第七章　电力系统基础

电力系统基础答案

【练习 1】我们目前常见的缴纳电费的方式有：线下有供电公司营业厅、自助终端缴费机和第三方售电网点，线上有 95598 网站、网上银行和掌上电力等各类 APP。

【练习 2】在增加输电距离的同时，更主要的作用是减少在电能传输过程中的损耗。

【练习 3】导线、杆塔、绝缘子、横担、拉线、驱鸟器、地下电缆、跌落式开关、架空线。

第八章　用电业务

用电业务答案

题号	1	2	3	4	5	6	7	8	9
答案	AB	C	A	ABC	AC	B	C	D	A
题号	10	11	13	14	17	19	20	21	22
答案	C	B	B	D	A	BCD	AB	B	BC

【练习 12】$500 \times 15 \times 15/30+500 \times 15 \times 15/30 \times 1/2=5625$ 元。

【练习 15】迁址是指客户正式用电后，由于生产、经营原因或市政规划，需将原用电的受电装置迁移他处的业务。移表是指客户在原用电地址内，因修缮房屋、变（配）电室改造或其他原因，需要移动用电计量装置安装位置的业务。

【练习 16】改压是指客户正式用电后，由于客户原因需要在原址改变供电电压等级的一种变更用电事宜。改类是指客户在正式用电后，由于生产、经营情况及电力用途发生变化而引起用电电价类别的改变，称为改类。

【练习 18】原户不变而是依法变更企业、单位、居民客户名称的，称更名；原户迁出，新户迁入，改变了用电单位的，叫过户。

第九章　电能计量

电能计量答案

题号	1	2	3	4	5	6	7	8	9	10
答案	ABCD	BD	C	ACD	A	BCD	D	CD	A	C

续表

题号	11	12	13	14	15					
答案	ABCD	B	AD	ABCD	A					

【练习 16】标明在电能表上作为计算负载基数的电流，也叫标定电流，用 I_b 表示；电能表能长期工作，而误差与温升完全满足要求的最大电流值，用 I_{max} 表示。

【练习 17】$P=UI$=220 伏 ×50 安 =1100W ≈ 11 千瓦。

【练习 18】家中不用电但电表仍在走字的原因有很多，如：部分用电设备在待机状态、被他人窃电、线路漏电、电能表故障等。我们应在电话中指导客户进行内部用电情况、漏电、窃电及电能表潜动的排查。若确存在潜动故障，客服专员应受理客户问题。办理手续请见各网省知识库中的相关内容。

【练习 19】电表检验机构是由当地质量技术监督局授权，依法从事电能表的检定工作。如果客户对检定结果有疑问，可向上级计量检定机构申请仲裁检定。

第十章　电价电费

电价电费答案

【练习 1】下列哪些客户执行居民生活电价？

答：选 B、C、F，即高校的学生公寓、街道居民委员会、福利院的楼内电梯。

【练习 2】居民客户欠 8 月电费 60 元，12 月 17 日补清欠款，应共交多少钱？

答：60+60×1‰×108=66.48 元。

第十一章　窃电、违约用电

窃电、违约用电答案

题号	1	2	3	4	5	6	7	8		
答案	B	A	C	B	A	B	D	A		

【练习 9】窃电时间无法查明时，窃电日数至少以 180 天计算，每日窃电时间：电力用户按 12 小时计算；照明用户按 6 小时计算。

第十二章　家电赔偿

家电赔偿答案

题号	1	2	3	4	5	6	7	8	9	10
答案	C	ABCD	C	D	√	×	√	√	×	ABC

续表

题号	12	13	14	15	16	17				
答案	√	√	C	D	C	CD				

【练习 11】

（1）电视机未超过 6 个月，原价赔偿 3999 元。

（2）冰箱使用超过 6 个月，电机类电器使用寿命为 12 年。

$$5999 \times (1-1/12)=5499 \text{ 元}$$

（3）抽油烟机使用超过电机类使用寿命 12 年。

$$2000 \times 10\%=200 \text{ 元}$$

（4）3999+5499+200=9698 元。

第十三章　故障报修

故障报修答案

题号	1	2	3							
答案	C	A	B							

第十四章　95598 业务分类——咨询、服务申请

95598 业务分类——咨询、服务申请答案

题号	1	2	3	4	5	6				
答案	BC	D	C	ABEGH	A	C				

第十五章　95598 业务分类——投诉、举报、意见、建议、表扬

95598 业务分类——投诉、举报、意见、建议、表扬答案

题号	1	2	3	4	5	6	7			
答案	B	A	C	D	B	D	AD			

【思考 2】应按照优先级进行派发，也就是投诉的优先级最高，此工单为投诉工单。这里还需要注意的是若客户反映的事件包括报修类以及服务申请的复电类的紧急事件，应加派报修或服务申请工单，也就是派发两张工单。

【思考 4】对内部人员表扬的工单应派发咨询工单，并选择对应选项。此类问题同“客户对内部人员的投诉”，我们应派发咨询工单。

第十六章　业务支持系统

业务支持系统答案

题号	1	2	3	4	5	6	7	8	9	10
答案	ABC	ABCD	B	C	A	D	D	A	BD	B

第十八章　智能知识库

智能知识库答案

题号	1	2	3	4	5	6	7	8	9	
答案	ABC	ABCD	CD	A	B	ABCD	B	B	ABCD	

第十九章　客服专员常用指标介绍

客服专员常用指标介绍答案

题号	1	2	3	4	5	6	7			
答案	C	ACD	C	A	D	C	AB			

第二十一章　内部投诉判定要点

内部投诉判定要点答案

题号	1	2	3	4	5	6	7	8	9	10
答案	B	B	AD	D	C	A	B	A	C	AB

第二十三章　电话服务规范

电话服务规范答案

题号	1	2	3	4	5	6	7	8	9	10
答案	C	ABCD	D	D	ABD	A	C	B	A	D
题号	11	12	13	14	15	16	17	18	19	20
答案	C	D	ABCD	AC	ABD	ABCD	B	D	A	ABCD
题号	21	22								
答案	C	D